RECUEIL
D'ÉTUDES PROGRESSIVES

SUR LES FINS DE PARTIES

AU JEU DES ÉCHECS

PAR JEAN PRETI

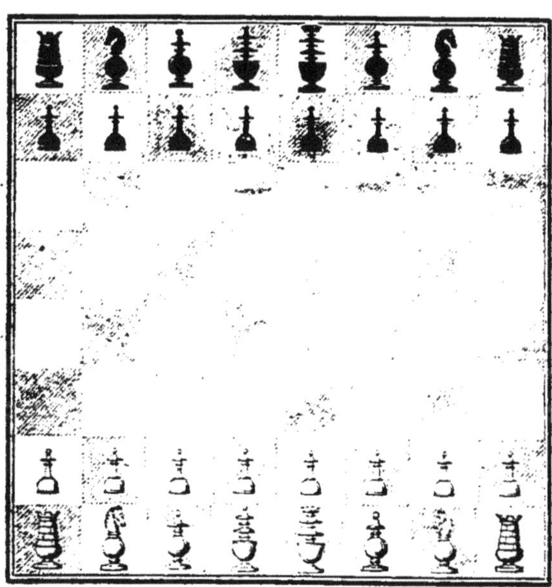

SE VEND

CHEZ L'AUTEUR, RUE PARADIS-POISSONNIÈRE, 8

AU CAFÉ DE LA RÉGENCE, RUE SAINT-HONORÉ, 161

PARIS

RECUEIL

D'ÉTUDES PROGRESSIVES

SUR LES FINS DE PARTIES

AU JEU DES ÉCHECS

RECUEIL

D'ÉTUDES PROGRESSIVES

SUR LES FINS DE PARTIES

AU JEU DES ÉCHECS

COMPOSÉES SEULEMENT DU ROI ET DES PIONS

ILLUSTRÉ DE CENT-QUATRE-VINGT DIAGRAMMES

PAR JEAN PRETI

SE VEND

CHEZ L'AUTEUR, RUE PARADIS-POISSONNIÈRE, 8

AU CAFÉ DE LA RÉGENCE, RUE SAINT-HONORÉ, 161

PARIS

1856

PRÉFACE

es Pions ont, à la fin des parties, une grande valeur, et celui qui connaît bien la manière de les jouer est certain, à jeu égal, de remporter la victoire. Supposons donc qu'un joueur ait, vers la fin d'une partie, autant de Pions que son adversaire, avec les mêmes pièces, il profitera de la première occasion pour échanger ses pièces, et arrivera au jeu des Pions. S'il voit, au contraire, que ses Pions ne sont pas avantageusement placés, qu'il y a péril à conserver cette position, il éludera l'échange, ajournera toute démarche hardie jusqu'à ce qu'il ait placé ses Pions dans une position plus favorable.

Changer par un coup habile, préparé de longue main, la défaite en victoire, ou bien la transformer en capitulation honorable, qui laisse la lutte indécise, tel est l'attrait particulier qu'offre le jeu des Echecs. Les parties présentent, en outre, de curieux et attrayants exercices : par exemple, une poursuite opiniâtre, souvent interrompue, mais toujours adroitement dirigée vers un but évident ou déguisé, connu seulement par le joueur, dont il profite pour gagner la partie, et conduite enfin à un dénoûment heureux. On a soin de calculer à l'avance, non-seulement la marche des pièces et les sacrifices que l'on doit s'imposer, mais encore on réserve pour le dernier combat la ressource essentielle, qui doit assurer la victoire. Tout est prévu, aussi bien pour l'attaque que pour la défense. Il s'agit moins de tromper un adversaire habile que de profiter d'un de ses moments de distraction, d'une fausse manœuvre ou d'une négligence ; car il suffit le plus souvent, à la fin d'une partie, pour la gagner, d'avoir eu dans une certaine position donnée l'avantage du trait.

C'est afin d'assurer aux amateurs d'Echecs une instruction pratique des plus complètes sur la marche des Pions, que j'ai composé cet ou-

vrage. Il m'est permis de l'offrir avec confiance, parce que j'ai beaucoup
emprunté aux travaux de mes devanciers, puisant sans scrupule à des
sources précieuses que la plupart des joueurs n'ont pas le loisir de re-
chercher. Je reconnais tout ce que je leur dois, et me plais à nommer
particulièrement M. V.-D. Lasa, à qui nous avons l'obligation du *Traité
de Bilguer*, œuvre d'un grand mérite, et MM. Kling et Horwitz, qui nous
ont donné d'admirables fins de parties ; bien d'autres que j'aurai l'occasion de citer dans le cours de l'ouvrage ont des droits à la reconnais-
sance des amateurs d'Échecs. Je regrette de ne pouvoir les indiquer tous ;
mais leurs noms sont assez connus pour n'avoir pas besoin d'être men-
tionnés dans un traité spécial.

Il me reste une explication à donner sur la notation que j'ai adoptée
et qui présentera toujours beaucoup de difficultés, tant qu'on ne sera pas
d'accord sur des formules générales à l'usage des joueurs de toutes les
nations. J'ai dû choisir de préférence celles que la France, l'Angleterre
et l'Italie ont coutume d'employer ; j'ai néanmoins introduit quelques
simplifications dont je renvoie le mérite à mon estimable ami M. Arnous
de Rivière dont l'*Illustration française* et le nouveau *Journal de la Régence*
qui a reparu en 1856 ont publié les idées. En respectant la notation du
Palamède et de tant d'autres ouvrages importants qu'il est bon de conserver dans ses formes principales, j'ai cru devoir risquer de légères innova-
tions afin de donner une plus grande clarté à mon ouvrage

J'ose croire que les joueurs et les amateurs me sauront gré d'avoir
rendu plus faciles et plus rapides les moyens d'instruction et d'études
que l'expérience et la réflexion m'ont suggérés, ainsi qu'aux auteurs dont
je m'honore de suivre les traces.

A MES SOUSCRIPTEURS

Tous les livres, et surtout ceux qui ont besoin d'un in-
dulgent patronage, commencent par une dédicace. Ainsi,
le résultat de toutes mes méditations à ce sujet a été la
résolution de dédier mon ouvrage à mes souscripteurs,
qui collectivement en constituent réellement le patronage.

En connaissant les difficultés de toute nature qu'il m'a
fallu surmonter, ils daigneront, je l'espère, honorer de
leur protection mon premier essai.

Je suis, avec le plus profond respect,

Leur très-humble et très-dévoué serviteur

J. PRETI.

LISTE DES SOUSCRIPTEURS

MM.

Aclocque.
Adam (Rouen.)
Allin.
André (le vicomte-d').
Arnous de Rivière (5 exemplaires).
Aytoun.

Bachelier (Bordeaux.)
Barbier.
Barthès et compagnie (6 exemplaires).
Basta.
Basterot (le comte de).
Bathus.
Beaumes.
Beaupré (Tours.
Beauvais.
Bechenec (de).
Bernouilli (Bâle.
Beurnonville (le baron de).
Beussenon.
Bodin, avoué.
Bodin E.
Bossange et fils (12 exemplaires).
Boucher.
Bouchot.

MM.

Boutia.
Bressolles (le général de).
Bronner.
Buisson (Lyon).

Casabianca (le comte de), sénateur.
Cassel.
Carré, Amédée.
Centurini, Luigi (2 exempl.) (Gênes).
Chamouillet (2 exempl.) (Versailles).
Charpentier (3 exemplaires).
Chartran (Versailles).
Chausson.
Cheret (de).
Choiseul-Beaupré (le comte de).
Ciccaldi (le docteur).
Clerc.
Cohen.
Cohen (Henry).
Colli.
Coulier.
Courtois de (Etampes).
Cragnon.
Crouzat.
Cusack.

MM.

Dalmont.
Deberny.
Dejardin.
Delacroix.
Delarmardelle (le baron de).
Delattre (le commandant).
Delneriarue.
Devinck.
Dieké.
Doazan.
Dubois [Rome].
Duchêne.
Dupré.

Etangs (Léon des).
Ethiou.

Famin.
Fébvret.
Feyerich.
Flandin.
Florigny [Alger].
Florigny (de).
Frater.
Freppa.
Frerol.

Gachet, capitaine d'état-major. [Bastia].
Garon (le docteur).
Garcias-Lamados.
Gauthier.
Genouille, Jules.
Giac (le marquis de).
Gillet.
Godefroy.
Gragnon.
Gouttes (de).
Grand-Boulogne (de).
Grevy, Jules.

Hacquin.
Harminah (de).
Hébert.

Jouvain, ingénieur en chef. [Nîmes].

Kerijouis (de).
Koenig.
Kohnstamm.

Lacolley (2 exemplaires.) [Amiens].

MM.

Laffitte.
Laigle (2 exemplaires.) [Valenciennes].
Laleu (de) [Nantes].
Languelliers.
Lanoë.
Lantoine [Guise].
Lapelle.
Lapi, Ettore. [Florence].
Laroche [Bayonne].
Lecrivain.
Lascases (20 exemplaires) [Montevidéo].
Lefranc.
Lequesne.
Lenfant.
Lionnet.
Locquet (5 exemp.) [Nouvelle-Orléans].
Loubens.
Lustro Lévi [Final de Modène].

Madella.
Malançon.
Marey-Monge.
Marguerite.
Martin Saint-Léon.
Massi (Robert de) [St-Quentin].
Matheus, Eugène.
Maunie.
Maurice.
Mège (le docteur), de l'acad. impériale
    de médecine.
Membeuge.
Meot.
Mercier.
Montaigu (Tassin de).
Montfaucon (le baron de).
Montigny.
Moreau.
Musset (Alfred de).
N.... (5 exemp.) [Nouvelle-Orléans].
Nicora (le docteur).
Noury.
Odoart (le chevalier) [Rouen].
Oudart [Vitry-le-Français].

Périer (le vicomte de).
Picx.
Pinondel.
Platel, Edmond.
Poinsot.
Portefin.
Potier.

MM.

Provost.

Royer, Charles.
Saint-Amant.
Saint-Elme Le Duc.
Salimbeni, Valerio (le comte de)
  (6 exemplaires.) [Modène].
Schnapper.
Schluesser.

Tassinari, Girolamo.
Tersaghi, Jules (le marquis de).
Thompson.
Tretan (le baron de) [Tours.]
Tirpier.
Turpault.

MM.

Uhlmann [Genève].
Usquin.

Vabat.
Van der Sluys.
Vielle.
Villefranca (le prince de).

Waresquiel (le vicomte de).
Warnet (chef de bataillon).

Yvonnet.

Zede.

L'annotation de cet ouvrage est faite d'après les pièces
placées sur l'échiquier avant de commencer la partie.

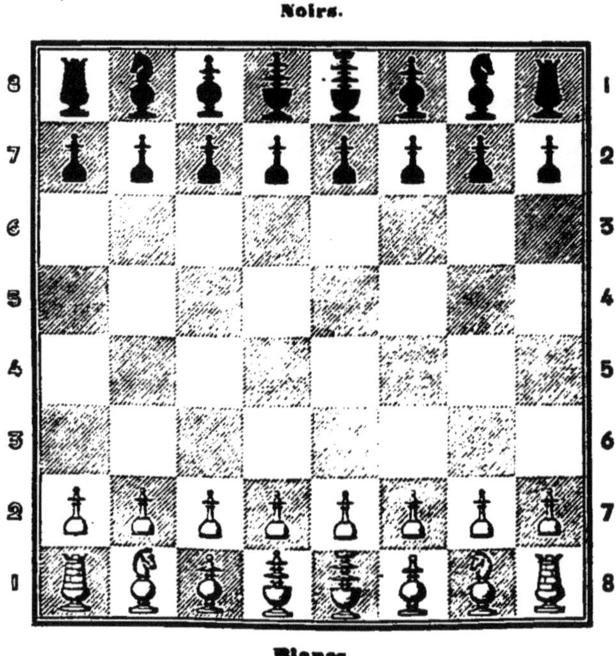

La marche des pièces tant blanches que noires est de 1 à 8.

EXPLICATION DES ABRÉVIATIONS

EMPLOYÉES DANS CET OUVRAGE

P   Pion
R   Roi
P pr P   Pion prend Pion

Il faut toujours en lisant, ajouter au commencement de la ligne le mot *le* comme après les chiffres le mot *case*.

P 3ᵉ T D   Le Pion à la troisième case de la Tour de la Dame.
P 4ᵉ C R   Le Pion à la quatrième case du Cavalier du Roi.
R c R   Le Roi à sa case.
R c D   Le Roi à la case de la Dame.
mll   Meilleur coup.

Si dans les diagrammes il n'y a qu'un seul Pion de la Tour, du Cavalier ou du Fou, j'ai écrit seulement P T.   P C.   P F.

Les blancs ont presque toujours le trait; s'il arrive le contraire c'est indiqué par des points.

Les chiffres à gauche indiquent l'ordre des coups.

ERRATA.

———

NOTE SUR L'ÉTUDE VII, CHAPITRE II.

Il nous semble que Mouret, l'auteur de cette position (pl. 147, page 174) commet une double erreur. Si les noirs qui ont le trait jouent 1. R 2ᵉ F, les blancs peuvent répondre par R 5ᵉ F et gagner la partie ; mais la nullité se retrouve en faisant jouer le R n à la c du F au premier coup, le blanc va à la 5ᵉ c du C et la partie se poursuit exactement comme dans le texte.

TABLE DES MATIÈRES

ÉTUDE N° VI.

Noirs.

Blancs.

Le résultat de cette position est le même que dans la précédente, mais il ne faut pas faire de faute, parce qu'il se trouve beaucoup d'occasions de faire pat; il n'est pas aussi facile de gagner que lorsqu'on a le Pion du Fou.

BLANCS.	NOIRS.
1. R 6ᵉ F..	1. R 2ᵉ T
2. P 6ᵉ C échec	2. R c T

Si vous jouez le Roi, le noir est pat; si vous jouez le Pion, il arrivera à la septième ligne par échec étant soutenu par le Roi à la sixième ligne : alors la partie est remise. Si vous retirez votre Roi, votre adversaire avance, c'est encore nul.

Autre manière de jouer.

BLANCS.	NOIRS.
1. R 6ᵉ T	1. R c T
2. P 6ᵉ C	2. R c C
3. P 7ᵉ C	3. . . . .

Le Roi noir est forcé de s'éloigner, alors le blanc avance sur la septième ligne de la Tour et fait Dame le coup suivant.

ÉTUDE N° VII.

Noirs.

BLANCS.	NOIRS.
1. . . .	1. R 2ᵉ F
2. R 5ᵉ C	2. R 2ᵉ C
3. R 5ᵉ T	3. R 2ᵉ T
4. P 5ᵉ F	4. R 2ᵉ C
5. R 5ᵉ C	5. R 2ᵉ F
6. P 6ᵉ F	6. R c F
7. R 6ᵉ C	7. R c C
8. R 6ᵉ T	8. R 2ᵉ F
9. R 5ᵉ C	9. R c F
10. R 6ᵉ C	10. R c C
11. R 5ᵉ C	11. R 2ᵉ F
12. R 5ᵉ F	12. R c F
13. R 6ᵉ D	

Il est évident que si le noir continue de cette manière la partie est nulle.

ÉTUDE N° VIII.

Noirs.

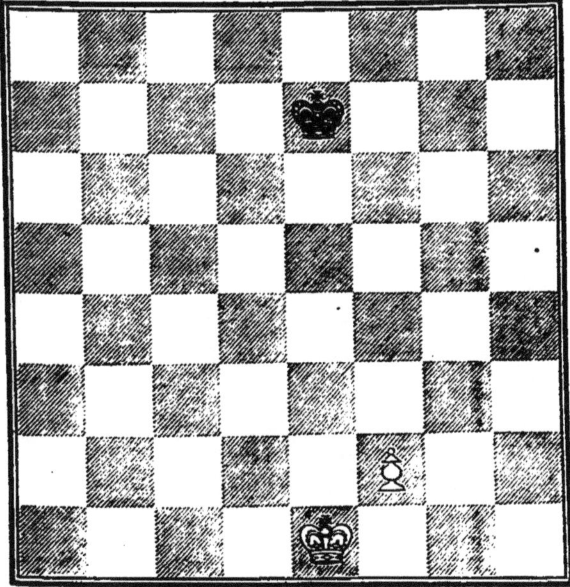

Blancs.

Quel que soit le joueur qui ait le trait, la partie est nulle, parce que le Roi noir empêche son adversaire de venir avec son Roi en avant du Pion, à la sixième ligne.

BLANCS.	NOIRS.
1. . . .	1. R 3ᵉ F
2. R 2ᵉ K	2. R 3ᵉ R
3. R 3ᵉ D	3. R 4ᵉ F
4. R 3ᵉ R	4. R 4ᵉ R
5. R 3ᵉ F.	5. R 4ᵉ F
6. R 3ᵉ C	6. R 4ᵉ C
7. R 3ᵉ T	7. R 5ᵉ F
8. R 2ᵉ C	8. R 5ᵉ C
9. P 3ᵉ F échec	9. R 4ᵉ F
10. R 2ᵉ F	10. R 3ᵉ F
11. R 3ᵉ R	11. R 4ᵉ R
12. P 4ᵉ F échec	12. R 4ᵉ F
13. R 3ᵉ F	13. R 3ᵉ F
14. R 4ᵉ C	14. R 3ᵉ C
15. P 5ᵉ F échec	15. R 3ᵉ F
16. R 4ᵉ F	16. R 2ᵉ F

17. R 5ᵉ C		17. R 2ᵉ C
18. P 6ᵉ F échec		18. R 2ᵉ F
19. R 5ᵉ F		19. R c F
20. R 6ᵉ C		20. R c C

La partie est nulle, parce que le Pion ne peut arriver à la septième ligne, qu'en faisant échec : c'est la position qui s'est déjà présentée plusieurs fois.

ÉTUDE Nᵒ IX.

Noirs.

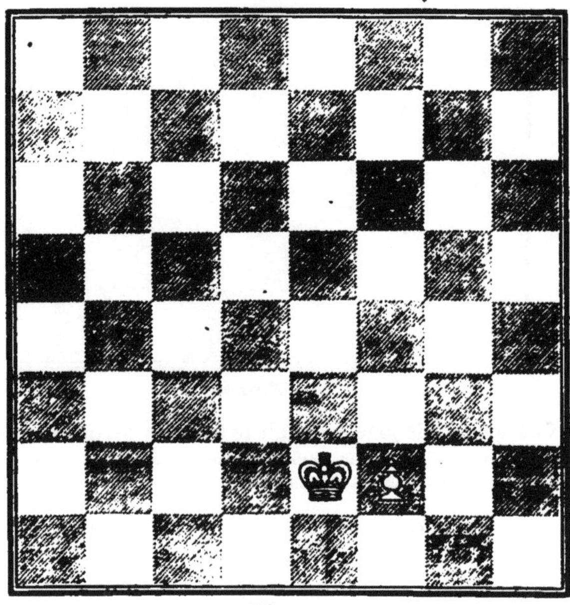

Blancs.

BLANCS.		NOIRS.
1.		1. R 4ᵉ R
2. R 3ᵉ R		2. R 4ᵉ F
3. R 3ᵉ F		3. R 3ᵉ F
4. R 4ᵉ F		4. R 3ᵉ R
5. R 5ᵉ C		5. R 4ᵉ R
6. P 4ᵉ F échec		6. R 3ᵉ R
7. R 6ᵉ C		7. R 2ᵉ R
8. P 5ᵉ F		8. R c F
9. R 6ᵉ F		9. R c C
10. R 7ᵉ R		

Le Roi blanc gagne, parce que, dès le principe, l'adversaire lui a laissé prendre l'opposition.

ÉTUDE N° X.

Noirs.

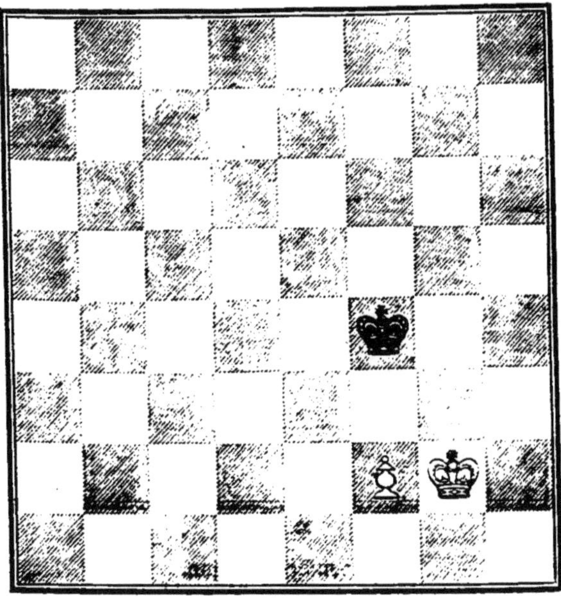

Blancs,

BLANCS.	NOIRS.
1.	1. R 5e R
2. R 3e C	2. R 4e R
3. R 4e C	3. R 3e F
4. R 4e F	4. R 3e C
5. R 5e R	

Le Roi blanc a gagné l'opposition, parce que le noir a mal joué, la partie ne peut plus être douteuse ; si le blanc joue le premier, la partie est également nulle, parce que le noir jouant bien doit gagner l'opposition et empêcher le Pion d'aller à Dame.

ÉTUDE N° XI.

Noirs.

Blancs.

Première solution.

Les noirs dans tous les cas gagnent, les blancs ayant le trait.

BLANCS.	NOIRS.
1. R 3ᵉ D	1. R 4ᵉ D
2. R 3ᵉ R	2. R 4ᵉ R
3. R 3ᵉ D	3. R 5ᵉ F
4. R 2ᵉ R	4. R 5ᵉ R
5. R 2ᵉ D	5. P 3ᵉ R [1]
6. R 2ᵉ R	6. P 4ᵉ R
7. R 2ᵉ F	7. R 6ᵉ D et gagnent.

Deuxième solution.

Les noirs ayant le trait.

BLANCS.	NOIRS.
1. . . .	1. R 4ᵉ R
2. R 3ᵉ R	2. P 3ᵉ R
3. R 3ᵉ D	3. R 5ᵉ F
4. R 2ᵉ R	4. R 5ᵉ R [2]
5. R 2ᵉ F	5. R 6ᵉ D et gagnent

[1] Si l'on avait poussé le Pion 4ᵉ R, la partie était nulle.
[2] En jouant le Pion 4ᵉ R, la partie est nulle.

ÉTUDE N° XII.

Noirs.

Blancs.

Les blancs ayant le trait perdent; si les noirs ont le trait, les blancs remettent la partie.

BLANCS.	NOIRS.
1. R 4e D	1. R 4e F
2. R 3e R	2. R 4e R
3. R 3e D.	3. R 5e F
4. R 4e D	4. P 4e R échec
5. R 3e D [1]	5. R 6e F
6. R 2e D	6. P 5e R
7. R c R	7. R 6e R
8. R c F	8. R 7e D

Les noirs gagnent.

[1] Si les blancs avaient joué le Roi 5e D, les noirs auraient dû pousser le Pion 5e R.

ÉTUDE N° XIII.

Noirs.

Blancs.

Les blancs gagnent la partie, que ce soit à eux ou à l'adversaire
à jouer le premier ; cela vient de la facilité qu'ils ont de pousser
le Pion à un ou deux pas. Ils ne jouent qu'un pas s'ils ont le trait,
et deux pas si leur adversaire joue le premier ; de cette manière, ils
gagnent l'opposition avec leur Roi à la sixième ligne.

BLANCS.	NOIRS.
1. P 3ᵉ D	1. R 2ᵉ D
2. P 4ᵉ D	2. R 2ᵉ R
3. R 6ᵉ F	3. R 3ᵉ R
4. P 5ᵉ D échec	4. R 2ᵉ R
5. P 6ᵉ D échec	5. R c D
6. P 7ᵉ D	6. R 2ᵉ R
7. R 7ᵉ F	

Le Pion va à Dame sans empêchement.

ÉTUDE N° XIV.

Noirs.

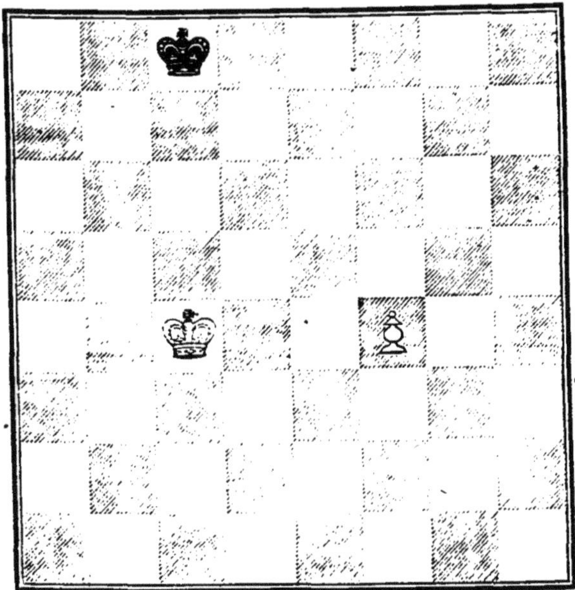

Blancs.

Le noir, ayant le trait et jouant bien, doit faire partie remise.

BLANCS.		NOIRS.	
1.		1. R c D	
2. R 4ᵉ D		2. R c R	
3. R 4ᵉ R		3. R c F	
4. R 5ᵉ F		4. R 2ᵉ F	

En gardant ainsi l'opposition, il n'y a aucune manière, pour le blanc, de pouvoir mener son Pion à Dame; par conséquent, la partie est nulle : le Roi blanc aura toujours la facilité de finir par un pat. Vous avez vu par tous ces exemples combien il est utile de gagner l'opposition autant pour l'un que pour l'autre : celui qui a le Pion pour gagner, celui qui n'a que le Roi pour faire partie remise. Il faut toujours calculer si le Pion peut arriver à la septième ligne sans faire échec, parce qu'alors il gagne; dans le cas contraire il est perdu ou fait pat.

Lorsque le Roi est seul contre deux Pions unis et un Roi la partie est toujours gagnée, parce que les Pions se soutenant l'un et l'autre, le Roi ne peut pas prendre celui qui est derrière lui, sans laisser aller l'autre à Dame.

Quand les deux Pions sont doubles, c'est-à-dire sur la même colonne, le gain ou la perte de la partie dépend de la position. Cette espèce de partie rentre presque toujours dans les positions qui viennent d'être données pour le Roi contre le Roi et un Pion seul. Ce qui peut faire gagner la partie, c'est quand les deux Pions ne sont pas à la même hauteur, et que celui qui se trouve en arrière est séparé de l'autre, ce qui permet à son joueur de perdre un temps avec lequel il doit gagner l'opposition et la partie.

Le Roi seul contre deux Pions séparés doit toujours perdre ; cependant il se trouve des positions extraordinaires qui font la partie nulle.

<hr>

ÉTUDE N° XV.

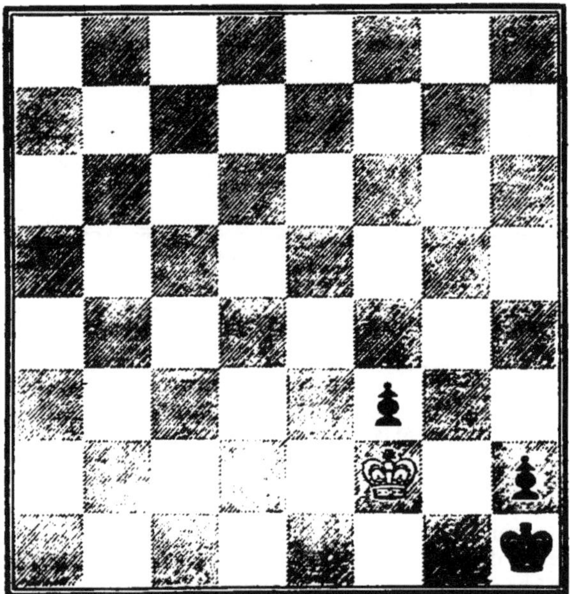

Le Roi blanc ne doit pas quitter la première et deuxième case du Fou : le noir viendra avec son Pion, jusqu'à ce qu'il se mette en prise à la deuxième case ; et dès qu'il sera pris, le Roi noir sera pat, cette position est presque l'unique pour la remise.

CHAPITRE III

Lorsque les deux Pions sont sur la même colonne, ils s'arrêtent mutuellement cependant ils sont souvent placés de manière à ce qu'un des deux puisse être pris par le Roi adversaire; alors, il faut que le joueur qui n'a plus que le Roi se conforme à ce qui a été dit plus haut pour les positions du Roi contre un Pion et le Roi.

ÉTUDE N° L

Noirs.

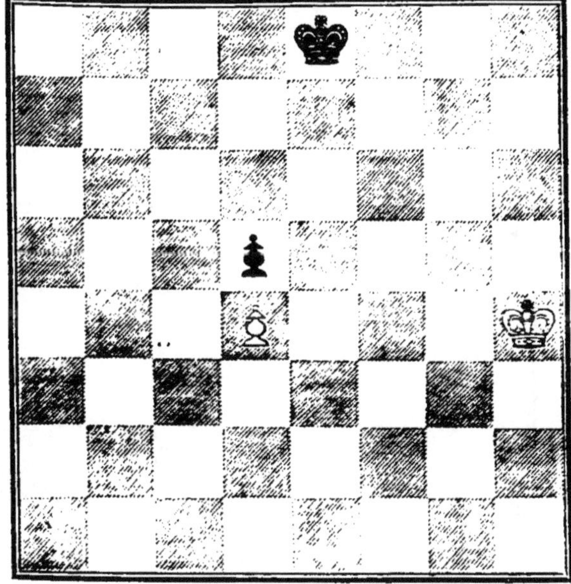

Blancs.

Cette partie bien jouée doit être nulle, malgré que les blancs ont l'avantage de l'opposition sur les noirs.

BLANCS.	NOIRS.
1. R 5ᵉ C	1. R 2ᵉ R [1]
2. R 5ᵉ F	2. R 3ᵉ D
3. R 6ᵉ F	3. R 2ᵉ D
4. R 5ᵉ R	4. R 3ᵉ F
5. R 6ᵉ R [2]	

[1] Si vous jouez votre Roi R 2ᵉ F pour empêcher les blancs d'avancer, vous vous trompez parce que ce dernier viendra R 5ᵉ F puis R à sa 5ᵉ case et le Pion sera pris.

[2] Le Roi noir est obligé de se retirer en abandonnant le Pion ; il faut donc qu'il se mette dans une des positions citées plus haut et qu'il ne laisse pas prendre l'opposition à son adversaire.

✦

ÉTUDE Nᵒ II.

Noirs.

Blancs

Chaque joueur a un Pion à la colonne de la Tour, l'un du Roi l'autre de la Reine et à la même distance des Dames ; celui qui joue le premier gagne, parce qu'il prend le Pion de son adversaire dès qu'il arrive à Dame.

ÉTUDE N° III.

Noirs.

Blancs.

Les blancs jouants les premiers, la partie est gagnée, parce que,
lorsqu'ils prendront le Pion, le Roi se trouvera en avant de son
Pion à la sixième ligne. La manière de s'emparer du Pion est ab-
solument la même que dans la position précédente; si le blanc
perd un seul temps, la partie est remise.

BLANCS	NOIRS.
1. R 6° F	1. R c D
2. R 6° R	2. R 2° F
3. R 7° R	3. R c F
4. R 6° D	4. R 2° C
5. R 7° D	

Le Pion est forcé. Le Roi à la sixième ligne; rien ne peut arrêter le Pion blanc. Si le noir joue le premier, la partie est remise.

1. . . .	1. R 2° R
2. R 5° F	2. R 2° F
3. R 4° R	3. R 3° R
4. R 4° D	

Le Roi noir doit gagner le Pion en suivant la même marche qui
vient d'être indiquée; mais le Roi blanc peut prendre l'opposition
et la partie est remise.

ÉTUDE N° IV.

Noirs.

Blancs.

La partie est nulle quelque soit le joueur qui ait le trait ; il faut cependant que celui qui joue le premier, fasse bien attention de ne pas attaquer sur le champ le Pion de son adversaire, parce qu'alors ce serait lui qui perdrait son Pion, et il ne serait plus temps de prendre l'opposition.

BLANCS.	NOIRS.
1. R 5e D	1. R 5e C

Le Roi blanc est obligé de se retirer en abandonnant son Pion et il ne pourra pas prendre l'opposition. Le Pion noir fera Dame et gagnera la partie ; pour faire partie nulle il eût fallu jouer, R 3e D ; alors on n'aurait pu perdre qu'en faisant une faute. Car lors même que le noir réussirait à prendre le Pion, son adversaire aurait l'opposition et l'empêcherait d'aller à Dame ; mais d'un autre côté, la moindre faute fera perdre le blanc, tandis que s'il jouait le Roi à sa 5e case, le noir aurait autre chose à faire qu'à reculer son Roi, afin de venir prendre l'opposition quand il aurait perdu son Pion ; s'il jouait d'une autre manière il perdrait la partie.

1. R 5e R	1. R 5e C
2. R 5e D	

Le Roi noir est obligé de se retirer, le blanc prend le Pion et son adversaire ne peut pas prendre l'opposition.

Autre exemple :

1. R 5ᵉ R	1. R 5ᵉ T
2. R 6ᵉ R [1]	2. R 5ᵉ C
· 3. R 5ᵉ D [2]	

[1] Si le blanc jouait R 5ᵉ D, il perdrait la partie.
[2] Le noir perd le Pion sans pouvoir gagner l'opposition.

ÉTUDE Nᵒ V.

Noirs.

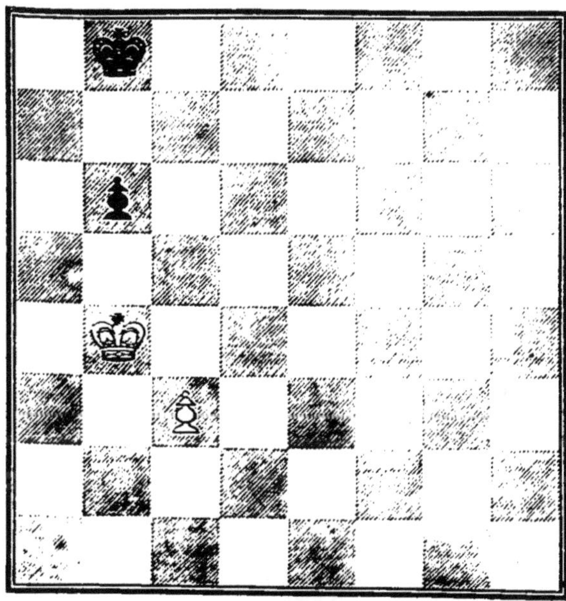

Blancs.

La partie est remise forcément quelque soit le joueur qui ait le trait, parce que lorsque l'un des deux prendra le Pion, il perdra le sien.

BLANCS.	NOIRS.
1. P 4ᵉ F	1. R 2ᵉ C
2. R 5ᵉ C	2. R 2ᵉ F
3. R 6ᵉ T	3. R 3ᵉ F
4. R 7ᵉ T	4. R 4ᵉ F

Il est impossible de prendre un Pion sans perdre l'autre ; on aurait pu pousser Pion sur Pion, ça serait plus vite décidé.

ÉTUDE Nº VI.

Noirs.

Blancs.

BLANCS.	NOIRS.
1. P 6ᵉ C	1. P 6ᵉ C
2. P 7ᵉ C	2. P 7ᵉ C
3. P fait D échec	3. R 2ᵉ T
4. D 7ᵉ D échec	4. R joue n'importe où.
5. D 7ᵉ C ou 2ᵉ Tour selon le coup de noirs et mat.	

Si le Roi noir eût été à la case de la Dame blanche, la partie
eût été également perdue, parce que, après avoir été à Dame tous
les deux, le blanc aurait joué D c C et la Dame noir serait prise.

ÉTUDE N° VII.

Noirs.

Blancs.

Si le blanc joue le premier, la partie est nulle ; si, au contraire, le noir a le trait il gagne.

BLANCS.	NOIRS.
1.	1. P 6° C
2. P 6° C	2. P 7° C
3. P 7° C	3. P fait D
4. P fait D	4. D 7° T échec

La Dame est prise et par conséquent la partie est perdue. Si le blanc avait été le premier à Dame, il n'aurait eu aucun échec double à faire : Alors on resterait Dame contre Dame, et la partie serait forcément remise.

4

ÉTUDE N° VIII.

Noirs.

Blancs.

Bien qu'arrivant en même temps à Dame à cause de la situation de son Roi, le noir a perdu la partie sans aucune ressource.

BLANCS.	NOIRS.
1. P 7° R	1. P 7° C
2. P fait D	2. P fait D
3. D 8° T échec	

La Dame est prise, si le noir avait eu le trait, la partie aurait été nulle.

ÉTUDE N° IX.

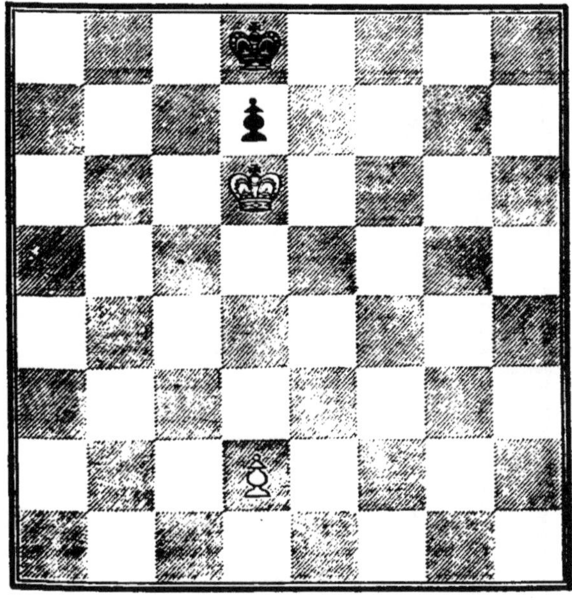

BLANCS.	NOIRS.
1. P 4ᵉ D	1. R c F
2. R 7ᵉ R	2. P 4ᵉ D [1]
3. R 6ᵉ D	3. R c D
4. R pr. P	4. R 2ᵉ D

La partie est nulle.

[1] Seul coup pour remettre la partie.

CHAPITRE IV

ÉTUDE N° I.

Noirs.

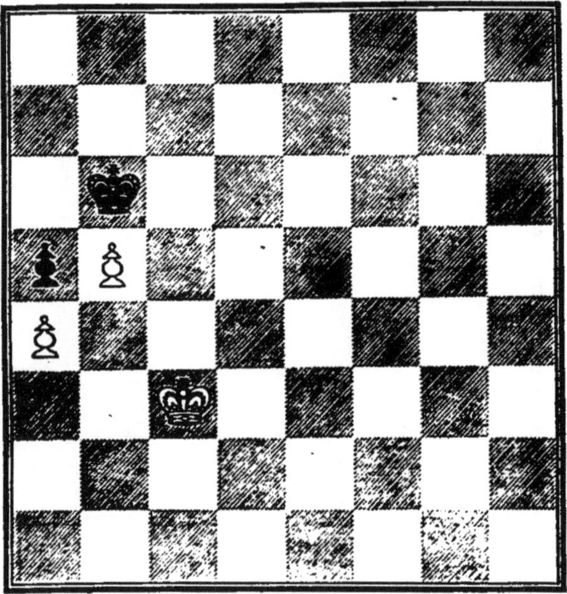

Blancs.

Dans cette position, les blancs gagnent ; pourtant la partie serait remise si les Pions étaient une case plus avancé, c'est-à-dire
P 5° T, P 6° C, et noir P 3° T.

BLANCS.	NOIRS.
1. . . .	1. R 4° F
2. R 3° D	2. R 4° D
3. R 3° R	3. R 4° R
4. R 3° F	4. R 4° D [1]
5. R 4° F	5. R 3° D
6. R 4° R	6. R 3° R
7. R 4° D	7. R 3° D
8. R 4° F	8. R 2° F
9. R 5° D	9. R 3° C

[1] Les noirs cherchent à garder, aussi longtemps que possible l'opposition.

BLANCS	NOIRS
10. R 6e D	10. R 2e C
11. R 5e F	11. R 2e F
12. P 6e C échec	12. R 2e C
13. R 5e C et gagnent	

Par l'exemple précité, on voit de quelle importance il est pour les noirs de garder l'opposition ; ce n'est possible pour les noirs que dans des cas exceptionnels.

ÉTUDE N° II.

Noirs.

Blancs.

Les blancs gagnent en sacrifiant, en temps opportun, le Pion 6e D.

BLANCS.	NOIRS.
1. R 6e F	1. R c D
2. P 7e D	2. R pr P
3. R 7e F	3. R c D
4. R 6e R	4. R 2e F
5. R 7e R	5. R c F
6. R 6e D	6. R 2e C
7. R 7e D	7. R c C

8. R pr P	8. R c F
9. R 6ᵉ D	9. R c D
10. P 6ᵉ F	10. R c F
11. P 7ᵉ F gagnent.	

Les blancs gagnent encore d'une autre manière, mais ils sont toujours obligés de sacrifier le Pion 6ᵉ D.

1. R 4ᵉ D	1. R c D
2. R 4ᵉ F	2. R c F
3. R 4ᵉ C	3. R c C
4. R 5ᵉ T	4. R 2ᵉ C
5. P 7ᵉ D	5. R 2ᵉ F
6. R 6ᵉ T	6. R pr P
7. R 7ᵉ C	7. R c D
8. R pr P et gagnent	

ETUDE Nᵒ III.

Noirs.

Blancs.

Si les noirs ont le trait, ils gagnent l'opposition et la partie est remise ; mais dans le cas contraire, les blancs gagnent facilement le Pion du Cavalier et par conséquent la partie.

BLANCS.	NOIRS.
1. . . .	1. R 4ᵉ D
2. R 4ᵉ F	2. R 5ᵉ D
3. R 4ᵉ C	3. R 5ᵉ R [1]
4. R 3ᵉ T	4. R 4ᵉ D
5. R 2ᵉ C	5. R 5ᵉ R
6. R c F	6. R 4ᵉ D
7. R c R	7. R 4ᵉ R
8. R 2ᵉ D	8. R 5ᵉ D
9. R 2ᵉ F	9. R 5ᵉ R
10. R c C	10. R 4ᵉ D
11. R c F	11. R 4ᵉ R

Il est clair que les noirs gagnent l'opposition et remettent la partie. Si les blancs, dans une circonstance quelconque, avaient avancé le Pion de la Tour, pour forcer le Roi ennemi d'aller sur cette ligne, les blancs gagneraient le Pion du Cavalier pour le Pion de la Tour et ne pourraient pas conduire leur Pion du Cavalier à Dame.

[1] Si les blancs vont vers la 8ᵉ case du Cavalier, les noirs les suivront sur la ligne du Roi.

ÉTUDE No IV.

Noirs.

Blancs.

Cette partie est remise si les noirs ont le trait.

BLANCS.	NOIRS.
1. . . .	1. R 3e F
2. R 2e F	2. R 3e D [1]
3. R 2e D	3. R 3e F [2]
4. R 2e R	4. R 3e D
5. R 2e F	5. R 4e R
6. R 2e C	6. R 3e F
7. R 2e T	7. R 3e C
8. R 3e T	8. R 4e C en continuant ainsi la partie est nulle.

[1] C'est le coup juste pour que les noirs ne perdent pas.

[2] Le Roi noir ne pouvait pas aller à la 3e case du Roi, parceque par quatrième coup R 3e F les blancs auraient gagnés.

———◆———

ÉTUDE N° V.

Noirs.

Blancs.

Dans cette position, les noirs perdent toujours.

BLANCS.	NOIRS.
1. . . .	1. R 4e F
2. R 3e C	2. R 4e C

3. R 2e F	3. R 3e F
4. R c R	4. R 2e R
5. R c D	5. R 2e D
6. R 2e F	6. R 3e F
7. R 3e C	7. R 4e F
8. R 4e T	8. R 3e F
9. R 4e C	9. R 3e C
10. P 5e F échec et	
gagnent.	

ÉTUDE N° VI.

Noirs.

Blancs.

Les blancs gagnent, pourvu qu'ils n'avancent pas de suite le
Pion du Fou, car les noirs ne prendront pas le Pion, mais en jouant
le Roi à la case du Fou de la Dame, la partie serait remise.

BLANCS.	NOIRS.
1. R 5e R	1. R 3e F
2. R 4e D	2. R 2e D
3. R 5e D	3. R c F
4. R 6e R	4. R c D

5. R 6ᵉ D		5. R c F
6. R 7ᵉ R		6. R c C
7. R 7ᵉ D		7. R c T
8. P 6ᵉ F		8. P pr P
9. R 7ᵉ F		9. P 4ᵉ F
10. P 7ᵉ C échec		10. R 2ᵉ T
11. P fait D échec		11. R 3ᵉ T
12. D 6ᵉ C mat.		

ÉTUDE Nᵒ VII.

Noirs.

Blancs.

Cette partie est remise.

BLANCS.		NOIRS.
1. R 4ᵉ D		1. R 3ᵉ R

De toute autre manière les noirs perdent.

ÉTUDE N° VIII.

Comme dans la position précédente la partie est encore
remise.

ÉTUDE N° IX.

Noirs.

Blancs

Si les noirs ont le trait, la partie est remise, mais par le trait
les blancs gagnent l'opposition et par conséquent la partie.

BLANCS.	NOIRS.
1. R 3e F	1. R 2e C ou 2e R (A).
2. R 3e R	2. R 2e F
3. R 3e D	3. R 2e R
4. R 2e F	4. R 2e D
5. R 3e C	5. R 3e F
6. R 4e T gagnent	

(A).

1. R 3e F	1. R 2e R
2. R 4e C	2. R 3e F
3. R 4e F	3. R 3e R
4. R 5e C et gagnent	

Si les noirs ont le trait, la partie est remise.

1. . . .	1. R 3e C
2. R 3e F	2. R 4e F
3. R 3e R	3. R 3e R

BLANCS		NOIRS
4. R 4ᵉ F [1]		4. R 3ᵉ F
5. R 3ᵉ F		5. R 2ᵉ F
6. R 3ᵉ R		6. R 2ᵉ R
7. R 3ᵉ D		7. R 2ᵉ D
8. R 2ᵉ F		8. R 3ᵉ F
9. R 2ᵉ C		9. R 3ᵉ C
10. R 3ᵉ T		10. R 4ᵉ T
11. R 3ᵉ C		11. R 4ᵉ C

Partie nulle.

[1] Les noirs ont perdu l'opposition mais ils peuvent facilement la regagner puisque la 4ᵉ case du Roi est défendu contre le Roi par le Pion noir.

ÉTUDE Nº X.

Noirs.

Blancs.

Si le trait est aux noirs, les blancs gagnent. La partie est remise si le trait est aux blancs.

BLANCS		NOIRS
1. R 4ᵉ D		1. R 3ᵉ D [1]
2. R 3ᵉ D		2. R 2ᵉ D
3. R 3ᵉ R		3. R 2ᵉ R

[1] En jouant R 4ᵉ F les noirs perdraient.

4. R 4ᵉ D	4. R 3ᵉ D
5. R 4ᵉ R	5. R 3ᵉ R et la partie est remise.

Les noirs ayant le trait.

1. . . .	1. R 3ᵉ D
2. P 5ᵉ F	2. R 2ᵉ R [1]
3. P 6ᵉ F échec [2]	3. R 3ᵉ R
4. R 4ᵉ D [3]	4. R 3ᵉ D
5. P 7ᵉ F	5. R 2ᵉ R
6. R 5ᵉ R	6. R pr P
7. R 6ᵉ D	7. R c F
8. R 6ᵉ R	8. R 2ᵉ C
9. R 7ᵉ R	9. R c C
10. R 6ᵉ F	10. R 2ᵉ T
11. R 7ᵉ F	11. R c T
12. R pr P	12. R c C [4]
13. R 6ᵉ F [5]	13. R 2ᵉ T
14. R 7ᵉ F	14. R c T
15. R 6ᵉ C	15. R c C
16. R 6ᵉ T [6]	16. R c T
17. P 6ᵉ C	17. R c C
18. P 7ᵉ C	18. R 2ᵉ F
19. R 7ᵉ T et gagnent	

(A).

1. . . .	1. R 3ᵉ D
2. P 5ᵉ F	2. R 2ᵉ R
3. P pr P	3. R c F
4. R 4ᵉ F	4. R 2ᵉ C
5. R 5ᵉ F	5. R c C
6. R 6ᵉ F	6. R c F
7. P 7ᵉ C échec	7. R c C
8. P 6ᵉ C	

Pat.

[1] Si les noirs prennent le Pion, les blancs viennent avec le Roi sur la ligne de la Tour du Roi, et le Pion du Cavalier va à Dame.

[2] La partie serait remise si les blancs prenaient le Pion du Cavalier, voyez (A).

[3] Ici, comme l'indique Ponziani, 1782. P. 182, on pourrait de suite avancer le Pion vers la 7ᵉ case du Fou du Roi, ce n'est qu'une variante mais le nombre de coup est le même.

[4] La position des pièces est maintenant la même que celle mentionnée au N° 11 de ce même chapitre.

[5] Philidor, 1803. P. 142, fait aller les noirs R c F ; mais il n'a pas remarqué que c'est un faux coup puisque R 2ᵉ T présente la possibilité d'un pat.

[6] Les blancs auraient dû aller dans cette case au 13ᵉ coup.

ÉTUDE N° XI.

Noirs.

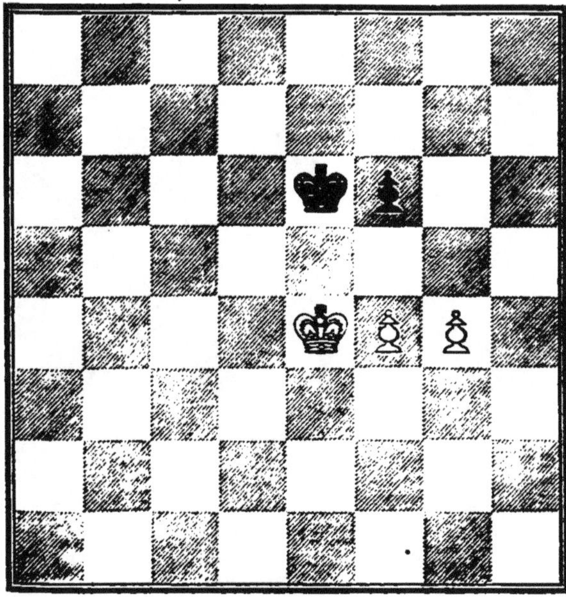

Blancs.

Si les noirs commencent en poussant le Pion 4ᵉ F, la partie est remise. La partie est également remise, si les blancs ont le trait.

BLANCS.	NOIRS.
1. R 4ᵉ D	1. R 3ᵉ D
2. R 4ᵉ F	2. R 3ᵉ F
3. R 4ᵉ D	3. R 3ᵉ D
4. R 4ᵉ F	

Remise.

ÉTUDE N° XII.

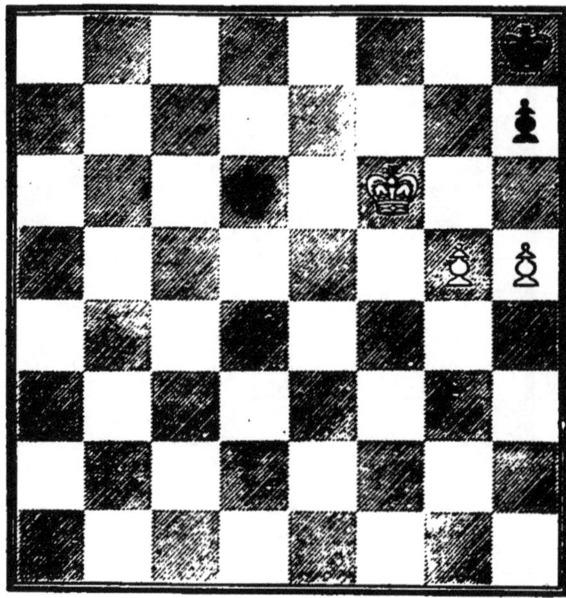

Le Pion de la Tour laissé à sa case donne la remise contre le Pion de la Tour et le Pion du Cavalier (dans cette position), car les blancs, en avançant le Pion de la Tour à la 6e case, ne pourront plus chasser de la case de la Tour le Roi noir. S'ils jouent le Pion du Cavalier 6e case, les noirs ne prennent pas et avancent le Pion 3e T et ont encore la remise.

Si les deux Pions blancs n'étaient pas si avancés et si au moins un des deux était encore à sa place, le Roi blanc en tâchant d'atteindre la 6e case de la Tour gagnerait la partie, en avançant le Pion intact de un ou deux pas, selon que le Roi ennemi se trouve à la case du Fou du Cavalier ou de la Tour.

Par l'exemple suivant on reverra plus clairement que ce que nous venons de dire se rapporte au Pion de la Tour noir quand il n'a pas été avancé, mais si ce Pion avait fait un pas tout dépendrait du coup qu'on jouerait, ce que nous démontrerons dans le N° XIV.

ÉTUDE N° XIII.

Noirs.

Blancs.

Partie remise.

BLANCS.	NOIRS.
1. . . .	1. R c T [1]
2. R 6ᵉ T	2. R c C
3. P 5ᵉ T	3. R c T
4. P 5ᵉ C [2]	4. R c C
5. P 6ᵉ C	5. P pr P
6. P pr P [3]	6. R c T

[1] Les noirs perdraient, s'ils avançaient le Pion ou s'ils se retiraient à la case du cavalier.

[2] Si ce Pion était encore à sa case, les blancs gagneraient facilement le temps qui leur manque.

[3] Si les blancs, avec leur Roi, étaient allés à la 6ᵉ F au lieu de la 6ᵉ T, le résultat serait le même.

ÉTUDE N° XIV.

Noirs.

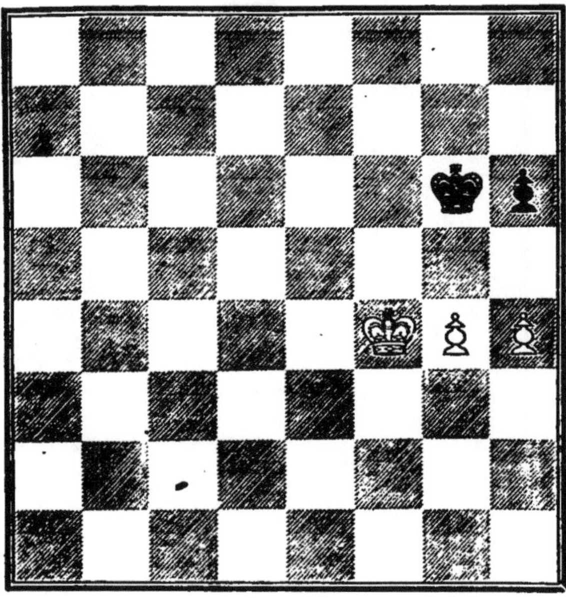

Blancs.

La partie est remise ou gagnée pour les blancs : tout dépend du trait. Si les noirs commencent, le premier coup sera R 3ᵉ F, et la partie est remise. Si les blancs ont le trait, les noirs perdent.

BLANCS.	NOIRS.
1. R 5ᵉ R	1. P 4ᵉ T (ou A ou B)
2. P 5ᵉ C	2. R 2ᵉ F
3. R 6ᵉ D	3. R c F ou c C (C)
4. R 6ᵉ R	4. R 2ᵉ C
5. R 5ᵉ F	5. R 2ᵉ F
6. P 6ᵉ C échec	6. R 2ᵉ C
7. R 5ᵉ C et gagnent.	

(A.)

BLANCS.	NOIRS.
1. R 5ᵉ R	1. R 2ᵉ C
2. P 5ᵉ T	2. R 2ᵉ F
3. R 5ᵉ F	3. R 2ᵉ C
4. R 6ᵉ R	4. R c T
5. R 6ᵉ F	5. R 2ᵉ T
6. R 7ᵉ F	6. R c T
7. R 6ᵉ C et gagnent	

(B).

1. R 5ᵉ R	1. R 2ᵉ F
2. R 5ᵉ F	2. R 2ᵉ C [1]
3. R 6ᵉ R	3. R 3ᵉ C
4. R 7ᵉ R ou P 5ᵉ T (D) [2]	4. P 4ᵉ T
5. P 5ᵉ C	5. R 2ᵉ C
6. R 6ᵉ R	6. R 3ᵉ C
7. R 5ᵉ R	7. R 2ᵉ F
8. R 6ᵉ D	8. R c F
9. R 6ᵉ R	9. R. 2ᵉ C
10. R 5ᵉ F	10. R 2ᵉ F
11. P 6ᵉ C échec et gagnent.	

(C).

1. R 5ᵉ R	1. P 4ᵉ T
2. P 5ᵉ C	2. R 2ᵉ F
3. R 6ᵉ D	3. R c C
4. R 6ᵉ R	4. R 2ᵉ C
5. R 5ᵉ F	5. R 2ᵉ T
6. R 6ᵉ F et gagnent.	

(D).

1. R 5ᵉ R	1. R 2ᵉ F
2. R 5ᵉ F	2. R 2ᵉ C
3. R 6ᵉ R	3. R 3ᵉ C
4. P 5ᵉ T échec	4. R 4ᵉ C ou R 2ᵉ C (E)
5. R 7ᵉ F	5. R pr P
6. R 6ᵉ C	6. R 5ᵉ F
7. R pr P	7. R 4ᵉ F
8. R 7ᵉ C et gagnent.	

(E).

4.	4. R 2ᵉ C
5. R 7ᵉ R	5. R c T
6. R 7ᵉ F	6. R 2ᵉ T
7. R 6ᵉ F	7. R c T
8. R 6ᵉ C	8. R c C
9. R pr P et gagnent.	

[1] Si les noirs poussaient P 4ᵉ T, les blancs avanceraient P 5ᵉ C et la partie serait semblable à (C).

[2] Nous devons cette variante aux justes remarques de M. Tassinari.

ÉTUDE Nº XV.

Noirs.

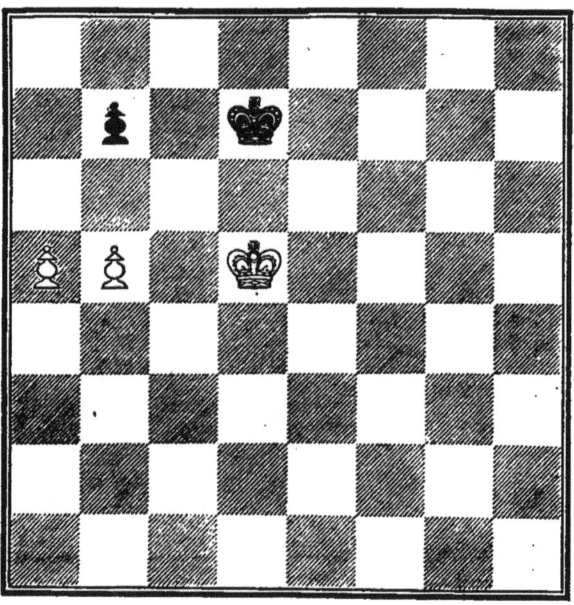

Blancs.

Quand même les blancs auraient le trait, les noirs pourraient toujours obtenir la remise.

BLANCS.	NOIRS.
1. R 5e F	1. R 2e F
2. P 6e C échec [1]	2. R c C
3. R 6e D	3. R c F
4. R 7e R	4. R c C
5. R 7e D	5. R c T
6. P 6e T	6. R c C

Partie nulle.

[1] Si dans cette position les noirs avaient le trait, ils joueraient P 2e C.

ÉTUDE N° XVI.

Noirs.

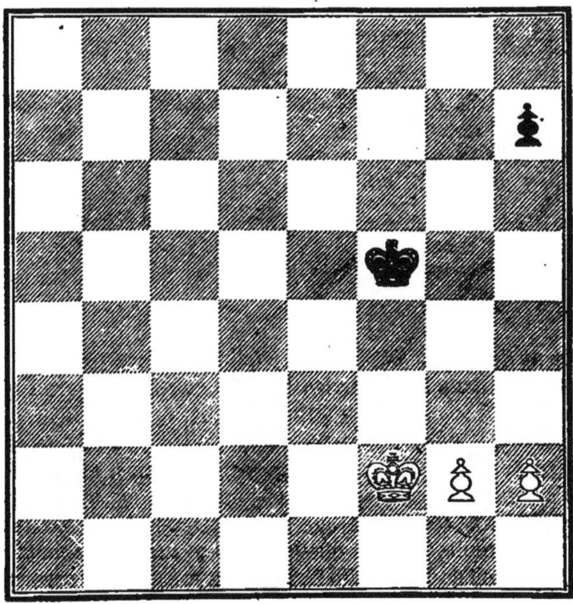

Blancs.

Dans cette position le trait ne fait rien : la partie est toujours remise. Les opinions des auteurs sur cette position sont contradictoires et leurs explications très-embrouillées.

Lolli, qui le premier a signalé cette position pense que les blancs avec les deux Pions doivent toujours gagner ; voici ces coups.

BLANCS.	NOIRS.
1. . . .	1. R 5e F
2. P 3e T	2. R 4e F [1]
3. R 3e F	3. R 4e C [2]
4. R 3e C	4. R 4e F [3]
5. P 4e T	5. R 3e F
6. R 4e C	6. R 3e C
7. P 5e T échec	7. R 3e T

[1] Les noirs auraient pu ici jouer P 3e T comme on le verra dans le tableau et la partie aurait été remise.

[2] S'il poussait le P 4e T les blancs joueraient P 3e C, mais le coup le plus simple est P 3e T.

[3] Ici les noirs ont perdu sans ressource, mais en poussant le Pion 3e T ils auraient gagné la remise.

8. R 4ᵉ T		8. R 2ᵉ C
9. R 5ᵉ C		9. P 3ᵉ T échec
10. R 5ᵉ F		10. R 2ᵉ F
11. P 3ᵉ C		11. R 2ᵉ C
12. R 6ᵉ R		12. R c C
13. R 6ᵉ F et gagnent		

M. Walker dit également dans sa première édition (Schieret, 1833, p. 141) que les blancs, qu'ils aient le trait ou non, doivent gagner. Voici sa manière de jouer.

1. R 3ᵉ C		1. R 4ᵉ C
2. P 4ᵉ T échec [1]		2. R 4ᵉ T
3. R 3ᵉ T et gagnent facilement.		

Dans sa deuxième édition, M. Walker déclare que ce dernier coup est une faute faite par les noirs et que R 4ᵉ F aurait obtenu la remise dans ses dernières éditions (1841, p. 224 et 1846, p. 281), il conclut de là que les blancs, quand ils ont le trait, ne peuvent pas gagner, mais qu'ils peuvent gagner ce temps, et cela comme Lolli l'a démontré par le tableau ci-joint et surtout aux Nᵒˢ VII, IX, XVII, XXV, XXVIII, XXXIII, on pourra se convaincre que la partie est toujours nulle, pourvu que les noirs avancent, au moment opportun, le Pion de la Tour du Roi. On n'a pas ajouté des remarques puisque les variantes ou les noirs perdent, suffisent pour éclaircir la question.

Pour plus de clarté dans les tableaux qui suivent, j'ai adopté les abréviations suivantes.

× échec.		▽ blancs gagnent.
= partie nulle.		⌐ noirs gagnent.

[1] Si le Pion ne faisait qu'un pas on aurait la même position que dans Lolli au 4ᵐᵉ coup. M. Walker ne s'en est pas même aperçu dans sa 3ᵉ édition, 1841.

Nota. — Nous faisons remarquer que dans le tableau suivant les chiffres arabes, à gauche, indiquent l'ordre des coups ; les chiffres romains en tête, les variantes, et les points vous conduisent d'une variante à l'autre.

CHAPITRE IV. — TABLEAU DE L'ÉTUDE N° XVI.

I.	II.	III.	IV.	V.	VI.	VII.	VIII.	IX.	X.	XI.	XII.	XIII.	XIV.	XV.	XVI.	XVII.	XVIII.	XIX.	XX.	XXI.	XXII.	XXIII.	XXIV.	XXV.	XXVI.	XXVII.	XXVIII.	XXIX.	XXX.	XXXI.	XXXII.	XXXIII.

ÉTUDE N° XVII.

Noirs.

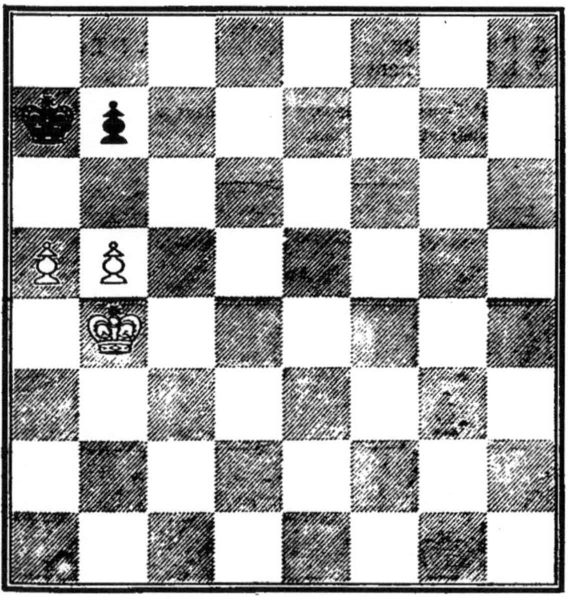

Blancs.

Stein pense (p. 212-217) que la partie est remise dans le cas où les blancs ont le trait. Si les noirs commencent en jouant R c C la partie est évidemment nulle; mais si les blancs ont le trait, nous montrerons qu'ils gagnent.

BLANCS.	NOIRS.
1. R 5° F	1. R c T ou c C (A) [1]
2. R 6° D	2. R c C
3. R 7° D	3. R 2° T
4. R 8° F	4. R c T
5. P 6° T	5. R 2° T
6. R 7° F ou P 6° C (B)	6. R c T
7. P 6° C et gagnent	

(A).

. 1. R 5° F	1. R c C

[1] S'il jouait P 3° C les blancs ne prendraient pas mais iraient R 6° F.

2. R 6ᵉ C	2. R c T
3. R 7ᵉ F [1]	3. R 2ᵉ T
4. P 6ᵉ T et gagnent	

(B).

6. P 6ᵉ C échec	6. R pr. P T mll.
7. R 7ᵉ F gagnent	

[1] Et non P 6ᵉ T comme le suppose M. Stein dans sa note, p. 213, parceque les noirs ne prendront pas le Pion.

ÉTUDE Nᵒ XVIII.

Noirs.

Blancs.

Les blancs gagnent toujours, ayant le trait par le coup 1. R 5ᵉ F; n'ayant pas le trait, voici le jeu.

BLANCS.	NOIRS.
1. . . .	1. R c F
2. R 6ᵉ C	2. R c C
3. P 5ᵉ C	3. R c T
4. R 7ᵉ F	4. R 2ᵉ T
5. P 5ᵉ T	5. R c T

6. R 8ᵉ D¹	6. R c C
7. R 7ᵉ D	7. R 2ᵉ T
8. R 8ᵉ F	8. R c T
9. P 6ᵉ T et gagnent	

Si, dans la position mentionnée, les blancs avaient le trait, voici leur jeu :

1. R 5ᵉ F	1. P 3ᵉ C échec
2. R 5ᵉ D	2. R 2ᵉ D
3. P 5ᵉ C	3. R 2ᵉ F
4. R 6ᵉ R et gagnent	

¹ Pour gagner un temps, car on ne doit pas à présent pousser le Pion de la Tour, parceque les noirs ne prendraient pas, mais leur Roi viendrait de la case de la Tour à la 2ᵉ c de la Tour.

ÉTUDE Nᵒ XIX.

Noirs.

Blancs.

Les blancs, ayant le trait ou non, gagnent.

BLANCS.	NOIRS.
1.	1. R 5ᵉ F

2. P 3ᵉ T [1]	2. P 4ᵉ C
3. P 3ᵉ C échec ou P 4ᵉ C (A)	3. R 4ᵉ F
4. R 3ᵉ F	4. P 5ᵉ C échec
5. P pr P échec	5. R 4ᵉ C nulle

(A.)

1. . . .	1. R 5ᵉ F
2. P 3ᵉ T	2. P 4ᵉ C
3. P 4ᵉ C	3. R 4ᵉ D
4. R 3ᵉ D	4. R 4ᵉ R
5. R 3ᵉ R	5. R 4ᵉ D
6. R 2ᵉ D	6. R 5ᵉ D

Du reste qu'on se reporte ici au Nᵒ IX.

(B).

1. . . .	1. R 5ᵉ F
2. R 2ᵉ D	2. R 5ᵉ D
3. P 3ᵉ C	3. P 4ᵉ C ou P 3ᵉ C (C)
4. P 3ᵉ T	4. R 4ᵉ F
5. R 3ᵉ R	5. R 4ᵉ D
6. R 3ᵉ D	6. R 4ᵉ F
7. R 4ᵉ R et gagnent	

(C).

1. . . .	1. R 5ᵉ F
2. R 2ᵉ D	2. R 5ᵉ D
3. P 3ᵉ C	3. P 3ᵉ C
4. P 4ᵉ T	4. R 4ᵉ D
5. R 3ᵉ D	5. P 4ᵉ C
6. P 5ᵉ T	6. P 5ᵉ C
7. P 6ᵉ T et gagnent.	

Mais si les blancs avaient le trait.

1. R 3ᵉ C	1. P 3ᵉ C ou R 4ᵉ C (D)
2. P 4ᵉ T	2. P 4ᵉ C
3. P 5ᵉ T	3. P 5ᵉ C
4. P 6ᵉ T et gagnent	

(D).

1. R 3ᵉ C	1. R 4ᵉ C
2. P 3ᵉ T	2. R 4ᵉ T
3. R 3ᵉ F	3. R 4ᵉ C
4. R 4ᵉ D	4. R 5ᵉ T
5. R 4ᵉ F	5. R 4ᵉ T

Et les blancs gagnent comme nous l'avons vu dans le
Nᵒ XVIII.

---

[1] Serait un faux coup, mieux R 2ᵉ D, voyez (B).

ÉTUDE N° XX.

Noirs.

Blancs.

Les blancs gagnent avec ou sans le trait.

BLANCS.	NOIRS.
1. . . .	1. R 5ᵉ C
2. R 4ᵉ R	2. R 5ᵉ F
3. R 3ᵉ R	3. P 5ᵉ C
4. R 4ᵉ R	4. P 6ᵉ C
5. P 3ᵉ T et gagnent	

ÉTUDE N° XXI.

Noirs.

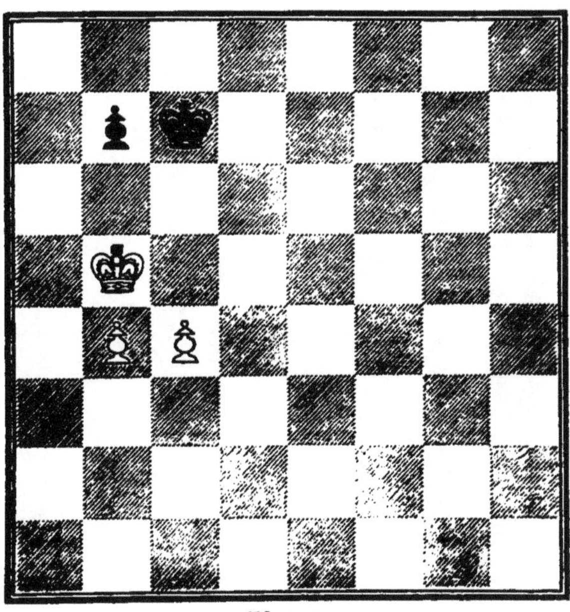

Blancs

Les blancs gagnent.

BLANCS.	NOIRS.
1. P 5e F	1. R c F[1]
2. R 6e C	2. R c C
3. P 6e F	3. R c T
4. R 7e F et gagnent	

[1] Si les noirs jouaient 1. P 2e C, les blancs qu'ils prenent ou non, ont toujours gagné.

ÉTUDE N° XXII.

Noirs.

Blancs.

Les blancs gagnent en jouant P 5ᵉ F, et aussi par cette variante.

BLANCS.	NOIRS.
1. P pr P	1. R 2ᵉ R
2. R 3ᵉ D	2. R 2ᵉ D
3. R 4ᵉ F ¹	3. R 3ᵉ F
4. R 4ᵉ D et gagnent	

¹ Pour aller après 5ᵉ D.

ÉTUDE N° XXIII.

Noirs.

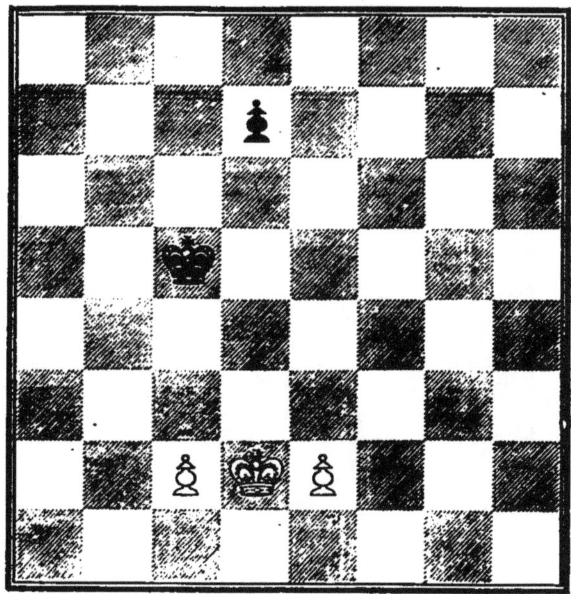

Blancs.

Cette partie est gagnée pour les blancs, même si les noirs poussaient de deux pas leur Pion, pour l'échanger contre un Pion blanc, s'ils avancent.

BLANCS.	NOIRS.
1. R 3° F	1. P 4° D ou R 4° D (A)
2. P 3° R	2. R 3° F
3. R 4° D	3. R 3° D
4. P 3° F	4. R 3° F
5. P 4° F	5. P pr P
6. R pr P	6. R 3° D
7. R 4° D et gagnent	

(A).

BLANCS.	NOIRS.
1. R 3° F	1. R 4° D
2. R 3° D	2. P 3° D
3. P 3° F	3. R 4° F
4. P 4° R	4. P 4° D
5. P 5° R et gagnent	

Le trait aux noirs rendrait la partie nulle.

1. . . .		1. R 5ᵉ F
2. P 3ᵉ F		2. P 4ᵉ D
3. P 3ᵉ R		3. R 4ᵉ F
4. R 3ᵉ D		4. R 3ᵉ F
5. P 4ᵉ F		5. R 3ᵉ D

Partie nulle.

ÉTUDE Nᵒ XXIV.

Noirs.

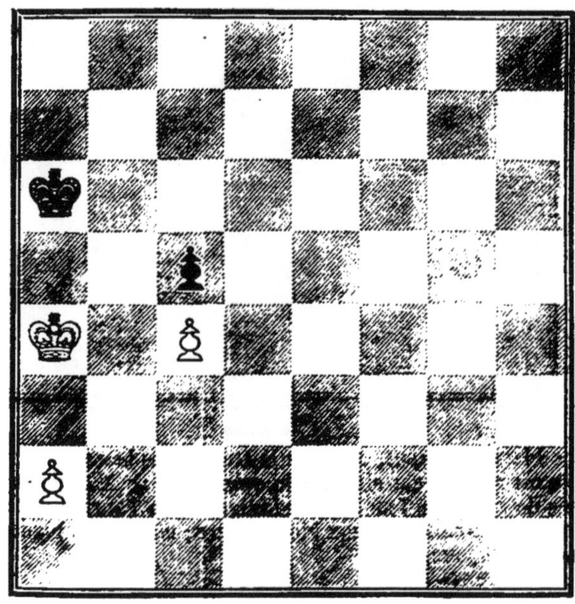

Blancs.

Partie remise.

BLANCS.		NOIRS.
1. R 3ᵉ T		1. R 3ᵉ C
2. R 2ᵉ C		2. R 4ᵉ T
3. R 3ᵉ C		3. R 3ᵉ T
4. R 3ᵉ F		4. R 4ᵉ T
5. P 3ᵉ T		5. R 5ᵉ T
6. R 3ᵉ D		6. R pr P
7. R 4ᵉ R		7. R 6ᵉ C
8. R 3ᵉ D		8. R 5ᵉ C
9. R 2ᵉ D		9. R pr P
10. R 2ᵉ F		

Remise.

ÉTUDE N° XXV.

Noirs.

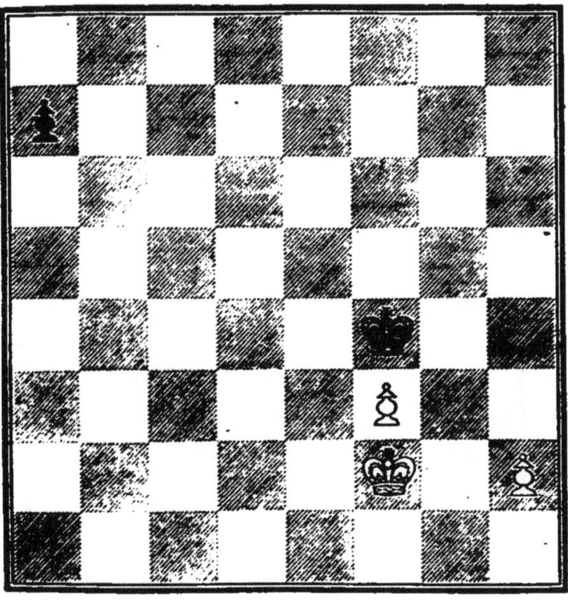

Blancs.

Les blancs gagnent, s'ils ont le trait; dans le cas contraire la partie est remise, car si les noirs avancent P 4e T les blancs sont forcés de conduire leur Roi sur la ligne de la Tour de la Dame et les noirs prennent les deux Pions blancs; mais si les blancs commencent, ils jouent :

BLANCS.	NOIRS.
1. P 4e T	1. P 4e T
2. R 2e R	2. P 5e T
3. R 2e D	3. P 6e T
4. R 2e F	4. R 4e F
5. R 3e C	5. R 3e C
6. P 4e F [1]	6. R 4e T
7. P 5e F et gagnent, puisque les noirs ne peuvent prendre aucun des deux Pions sans que l'autre aille à Dame.	

[1] Si les blancs prenaient de suite le Pion noir, les noirs feraient la remise un jouant R 4e T.

CHAPITRE V

ÉTUDE N° I.

Noirs.

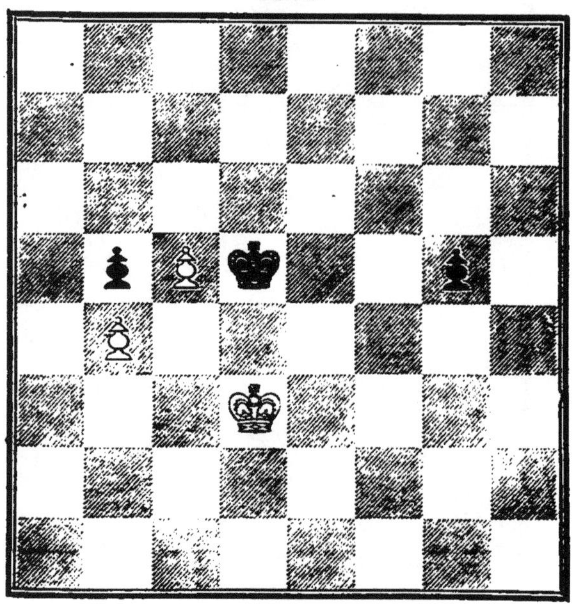

Blancs.

Cette partie est toujours remise.

BLANCS.	NOIRS.
1. R 3ᵉ R	1. R 4ᵉ R
2. R 3ᵉ F.	2. R 4ᵉ F
3. R 3ᵉ C	3. R 4ᵉ R
4. R 4ᵉ C	4. R 3ᵉ F
5. R 3ᵉ C	5. R 4ᵉ R
6. R 3ᵉ F	6. R 4ᵉ F

Philidor prétend, p. 143, que les blancs gagnent s'ils n'ont pas le trait, mais Ponziani (1782, p. 187), démontre que même dans ce cas la partie est remise.

BLANCS	NOIRS
1. . . .	1. R 4ᵉ R
2. R 3ᵉ R	2. R 4ᵉ D [1]
3. R 3ᵉ F	3. R 4ᵉ R
4. R 3ᵉ C	4. R 3ᵉ R
5. R 4ᵉ C	5. R 3ᵉ F et les noirs ont précisément la même position qu'au 4ᵉ coup du 1ᵉʳ jeu.

[1] Si le Roi allait vers la 4ᵉ case de son Fou, les blancs gagneraient en jouant R 4ᵉ D.

ÉTUDE N° II.

Noirs.

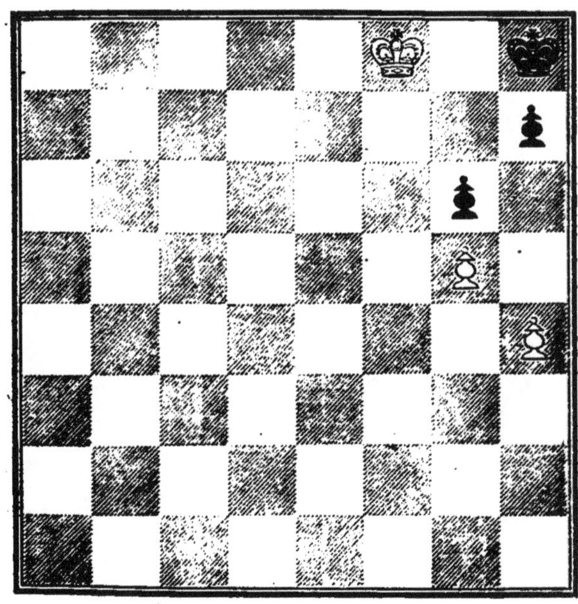

Blancs.

Les blancs doivent toujours gagner.

BLANCS.	NOIRS.
1. . . .	1. P 3° T
2. P 5° T	2. R 2° T
3. R 7° F et gagnent	

Le coup P 5° T est de M. Brede.

Si les blancs avaient le trait ils joueraient de suite R 7° F.

ÉTUDE N° III.

Noirs.

Blancs.

Les noirs ont le trait et gagnent.

BLANCS.	NOIRS.
1.	1. R 6° F [a]
2. R 2° R	2. R 7° C
3. R 2° D	3. R pr P
4. R 2° F	4. P 5° F et gagnent

[a] En jouant P 5° F les noirs auraient fait partie nulle.

ÉTUDE N° IV.

Noirs.

Blancs.

Les blancs ont le trait et gagnent.

BLANCS.	NOIRS.
1. P 4° C	1. P 4° F
2. P 5° C	2. P 5° F
3. P 6° C	3. P 6° F
4. P 7° C	4. P 7° F
5. P fait D	5. P fait D
6. D 5° C échec	6. D pr D échec
7. R pr D	7. R 5° C
8. P 4° T et gagnent.	

ÉTUDE Nº V.

Noirs.

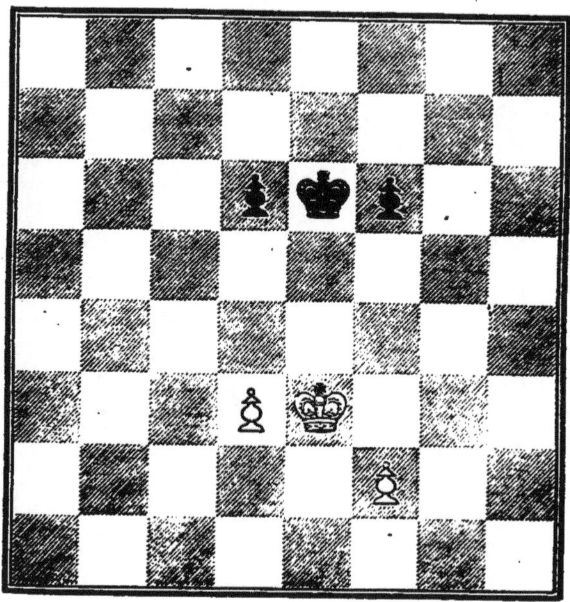

Blancs.

Les blancs gagnent.

BLANCS.	NOIRS.
1. R 4ᵉ R ¹	1. P 4ᵉ D échec
2. R 4ᵉ F ²	2. R 3ᵉ D
3. R 5ᵉ F	3. R 4ᵉ F ou R 2ᵉ R (A)
4. R pr P	4. R 5ᵉ D
5. R 6ᵉ R	5. R pr P
6. R pr P et gagnent.	

(A).

BLANCS	NOIRS
3.	3. R 2ᵉ R
4. P 4ᵉ D	4. R 2ᵉ F
5. P 3ᵉ F et gagnent	

¹ Seul coup pour gagner.

² Si les blancs avaient joué le Roi à la 4ᵉ case de la Dame, les noirs auraient remis la partie.

ÉTUDE N° VI.

Noirs.

Blancs.

Les blancs jouent et gagnent.

BLANCS.	NOIRS.
1. R 4° F	1. R 3° C
2. R 5° F	2. R 2° F
3. R 6° F	3. R 3° C
4. R 6° R	4. R 2° F [1]
5. R 5° D	5. P 4° T
6. P 6° C échec	6. R pr P
7. R pr P	7. P 5° T
8. P 7° F et gagnent	

[1] Jouer le Pion de la Tour ne serait d'aucun profit, puisque le blanc répondrait par le Roi à la 7° case de la Dame et gagnerait facilement.

ÉTUDE N° VII.

Noirs.

Blancs.

Dans cette position les noirs ayant leur Pion doublé, doivent les perdre tous les deux.

BLANCS.	NOIRS.
1. R 4e R	1. R 3e T
2. R 5e D	2. R 3e C mll
3. R 6e D	3. R 2e T
4. R 5e F	4. R 3e T
5. P 3e T	5. P 3e C échec
6. R 6e F	6. R 2e T
7. R pr P	7. R 2e C
8. P 4e T et gagnent	

ÉTUDE No VIII.

Noirs.

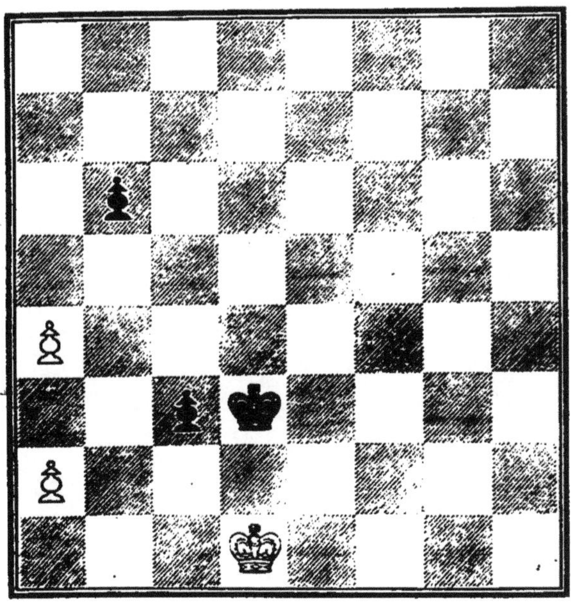

Blancs.

Les blancs avec ou sans le trait peuvent remettre la partie.

Blancs avec le trait.

BLANCS.	NOIRS.
1. P 5e T	1. P pr P
2. R c F	2. P 5e T [1]
3. R c D	3. R 5e D
4. R 2e F	4. R 5e F
5. P 3e T nulle	

Noirs avec le trait.

BLANCS.	NOIRS.
1. . . .	1. R 5e D
2. R c F	2. R 5e F
3. R 2e F	3. R 5e C
4. R 3e D nulle	

[1] Si les noirs avaient poussé le Pion du Fou les blancs auraient dû répondre par le Pion de la Tour deux pas.

ÉTUDE No IX.

Noirs.

Blancs.

Les noirs quoique ayant le trait ont perdu.

BLANCS.	NOIRS.
1.	1. R 6e F
2. P 7e T	2. P 7e D
3. P fait D échec	3. R 7e F
4. D 7e T échec	4. R 8e F
5. D 6e T	5. R 7e F
6. D 6e C échec	6. R 8e F
7. D 5e C	7. R 7e F
8. D 5e F échec	8. R 8e F
9. D 4e F	9. R 7e F
10. D 4e R échec	10. R 8e F
11. D 3e R	11. R 7e F
12. D 2e R ¹	12. R 8e F
13. R 3e R	13. P fait D
14. D pr D	14. R pr D
15. R 3e D	15. R 8e F
16. P 5e F et gagnent	

¹ En jouant ce coup les blancs gagnent un temps avec le Roi ce qui leur donne la victoire.

CHAPITRE VI

ÉTUDE N° I.

Noirs.

Blancs.

Les blancs gagnent.

	BLANCS.		NOIRS.
1.	R 4ᵉ R	1.	R 5ᵉ C
2.	P 4ᵉ T	2.	R 4ᵉ T
3.	R 4ᵉ F	3.	R 3ᵉ T
4.	P 4ᵉ C	4.	R 3ᵉ C
5.	P 5ᵉ T échec	5.	R 3ᵉ T
6.	R 4ᵉ R	6.	R 4ᵉ C
7.	R 3ᵉ F	7.	R 3ᵉ T
8.	R 4ᵉ F	8.	R 2ᵉ T
9.	P 5ᵉ C	9.	R 2ᵉ C
10.	P 6ᵉ C ¹	10.	R 3ᵉ T
11.	R 4ᵉ C	11.	R 2ᵉ C
12.	R 5ᵉ C	12.	P 6ᵉ D
13.	P 6ᵉ T échec	13.	R c T
14.	R 6ᵉ F	14.	P 7ᵉ D
15.	R 7ᵉ F	15.	P fait D
16.	P 7ᵉ C échec	16.	R 2ᵉ T
17.	P fait D échec	17.	R pr P
18.	D 6ᵉ C mat		

¹ Si les blancs avaient joué le Pion de la Tour, les noirs auraient remis la partie.

ÉTUDE N° II.

Noirs.

Blancs.

Les blancs gagnent même sans le trait.

BLANCS.	NOIRS.
1. . . .	1. R 3ᵉ F
2. P 4ᵉ R [1]	2. P pr P échec
3. R pr P	3. R 3ᵉ D
4. P 4ᵉ F	4. R 3ᵉ R
5. P 5ᵉ D echec	5. R 3ᵉ D mll
6. R 4ᵉ D	6. R 2ᵉ R [2]
7. R 5ᵉ F et gagnent	

[1] Si les noirs jouaient le Roi à sa 3ᵉ case, les blancs répondraient par le Pion 4ᵉ c F et gagneraient.

[2] Si les noirs avaient joué le Roi à la 2ᵉ case du Fou, les blancs auraient répondu par le Roi 5ᵉ case du Fou.

ÉTUDE N° III.

Noirs.

Blancs.

A qui que ce soit le trait, la partie est remise.

BLANCS.	NOIRS.
1. R 6ᵉ F	1. R c R ou c D (A)
2. R 6ᵉ D	2. R c D
3. P 7ᵉ R échec	3. R c R nulle

(A).

BLANCS.	NOIRS.
1.	1. R c D
2. R 6ᵉ D	2. R c R

Nulle.

Le trait aux noirs.

BLANCS.	NOIRS.
1. . . .	1. R c R
2. R 6ᵉ D	2. R c D
3. P 7ᵉ R échec	3. R c R

Nulle.

ÉTUDE N° IV.

Noirs.

Blancs.

Les blancs ayant le trait remettent la partie.

BLANCS.	NOIRS.
1. P 4° F	1. R 2° F [1]
2. R 7° D	2. P 4° C
3. P pr P	3. P 4° R
4. R 6° D	4. P 5° R
5. R 5° R	5. R 3° C
6. R 4° F	6. P 6° R

Partie nulle.

[1] Cette position montre l'avantage qu'on peut tirer de la faculté de pouvoir pousser le Pion deux pas.

ÉTUDE N° V.

Noirs.

Blancs.

Les blancs jouent et gagnent.

BLANCS.	NOIRS.
1. P 6e F échec [1]	1. P pr P échec mll.
2. R 5e R	2. R 2e R mll.
3. P 5e F	3. P 5e T
4. R 5e F	4. R 2e F
5. R 5e C	5. R 3e R
6. R pr P	6. R 4e D
7. R 5e C	7. R pr P
8. P 4e T	8. R 3e D
9. R 6e F	9. P 4e F
10. P 5e T	10. P 5e F
11. P 6e T	11. P 6e F
12. P 7e T	12. P 7e F
13. P fait D	13. P fait D
14. D 8e D échec et gagnent	

[1] Seul coup pour gagner.

ÉTUDE N° VI.

Noirs.

Blancs.

Les blancs jouent et gagnent.

BLANCS.	NOIRS.
1. P 4° R [1]	1. P pr P en passant
2. P 4° F	2. R 5° C ou 5° D (A)
3. P 5° F	3. R 4° F
4. P 4° D échec et gagnent	

(A.)

2.	2. R 5° D
3. R 2° R et gagnent	

[1] Si les blancs poussaient le Pion du Roi d'un seul pas, les noirs prendraient le Pion de la Dame et remettraient la partie.

ÉTUDE N° VII.

Noirs.

Blancs.

Les blancs jouent et gagnent.

BLANCS.	NOIRS.
1. R 3° R	1. R 4° T
2. P 3° T	2. R 3° C
3. P 4° C	3. R 3° T
4. R 2° F	4. R 3° C
5. R 3° C	5. R 3° T
6. P 5° T	6. R 4° C
7. P 4° T échec	7. R 3° T
8. R 2° F	8. R 2° T
9. P 5° C	9. R 2° C
10. P 6° T échec	10. R 3° C
11. P 5° T échec	11. R 2° T
12. R 3° R	12. R c T
13. P 6° C	13. R c C
14. P 7° T échec	14. R 2° C
15. P 6° T échec	15. R c T
16. R 2° F	16. P 6° R échec
17. R pr P	17. P 7° F
18. P 7° C échec	18. R pr P
19. R pr P et gagnent	

La finesse de cette partie consiste surtout dans la manière de jouer le Roi.

ÉTUDE N° VIII.

Noirs.

Blancs.

Dans cette position les blancs gagnent toujours.

BLANCS.	NOIRS.
1. . . .	1. R 4° F
2. R 3° D	2. P 6° C
3. P 3° F et gagnent	

Si les blancs ont le trait, il gagnent aussi en jouant d'abord
1. R 3° D pourvu que leurs Pions gardent les positions 4° F D et
2° C.

ÉTUDE N° IX.

Noirs.

Blancs.

Si les noirs avaient le trait, en jouant le Roi deuxième case Dame,
ils gagneraient. Si les blancs ont le trait, la partie est remise.

BLANCS.	NOIRS.
1. P 5ᵉ T	1. P pr P
2. P pr P	2. R 2ᵉ D
3. R 5ᵉ F	3. R 2ᵉ R
4. R 6ᵉ C	4. R 3ᵉ R
5. R pr P	5. R 2ᵉ F
6. R 7ᵉ T	6. P 4ᵉ F
7. P 6ᵉ T	7. P 5ᵉ F
8. R 8ᵉ T	8. P 6ᵉ F
9. P 7ᵉ T	9. P 7ᵉ F

Pat.

ÉTUDE N° X.

Noirs.

Blancs.

Partie remise; peu importe qui ait le trait.

BLANCS.	NOIRS.
1. R 4e C	1. R 8e C
2. R 4e F	2. R 2e F
3. R 5e F	3. R 2e R
4. R 4e C	4. R 3e R
5. R 4e F	5. R 2e R

Nulle.

ÉTUDE N° XI.

Noirs.

Blancs.

Trois Pions libres d'un ou de l'autre côté contre le Roi.

Il y a quelques années, que la partie si difficile de trois Pions contre le Roi, partie si mal éclairée par les auteurs (exception M. Bertin), fut de nouveau étudiée par M. Szen, et le problème résolu par Walker.

La première analyse systématique se trouve dans l'ouvrage de Bilguer, 1843.

Nous commencerons à exposer la première partie du problème, c'est-à-dire le jeu du Roi contre les trois Pions.

Les Pions sont toujours arrêtés.

BLANCS.	NOIRS.
1.	1. P 4° C
2. R 2° C	2. P 4° T
3. R 3° C	3. P 5° C
4. R 4° T	4. P 3° F
5. R 3° C	5. P 4° F
6. R 2° C	6. P 5° T
7. R 2° T	7. P 6° T
8. R 3° C	8. P 5° F échec
9. R 2° T	9. P 6° F
10. R 3° C et arrête les Pions	

Autre manière de jouer.

1. . . .		1. P 4ᵉ F
2. R 2ᵉ C		2. P 4ᵉ T
3. R 3ᵉ C		3. P 3ᵉ G
4. R 2ᵉ C		4. P 4ᵉ C
5. R c C		5. P 5ᵉ G
6. R 2ᵉ C		6. P 5ᵉ T
7. R 2ᵉ T		7. P 5ᵉ F
8. R c C et arrête les Pions		

Si les Pions de cette partie marchaient autrement, le Roi les retiendraient toujours, mais il doit se garder de prendre les positions suivantes, s'il n'a pas le trait.

ÉTUDE N° XII.

Noirs.

Blancs.

Les blancs peuvent arrêter les Pions s'ils ont le trait. Si les noirs ont le trait, ils gagnent en jouant le Pion à la 6ᵉ case du Fou.

BLANCS.		NOIRS.
1. R c C [1]		1. P 6ᵉ F
2. R 2ᵉ F		2. P 5ᵉ C
3. R 3ᵉ C		3. P 5ᵉ T échec
4. R 2ᵉ F et prend les Pions		

[1] Toute autre marche fera perdre les blancs.

En règle générale nous avons montré quelle marche doivent suivre les Pions et le Roi, nous allons étudier quelques positions particulières. Pour plus de clarté nous les diviserons en trois classes de trois positions chacune. Première classe, position où le Roi gagne toujours, qu'il ait le trait ou non. Deuxième classe, position où le trait décide la partie, et troisième classe, position où les Pions gagnent toujours, peu importe qu'ils aient le trait.

ÉTUDE N° XII. PREMIÈRE POSITION DE PREMIÈRE CLASSE.

Noirs.

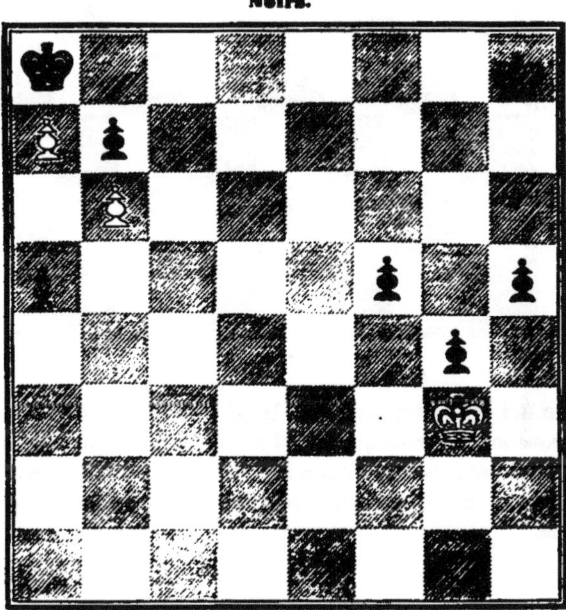

Blancs.

Le Roi peut être aussi sur la 2ᵉ case du Cavalier, qu'il ait le trait ou non, il arrêtera facilement les Pions. Dans la première classe il a donc le choix au moins de deux cases.

ÉTUDE N° XII. DEUXIÈME POSITION DE PREMIÈRE CLASSE:

Noirs.

Blancs.

Le Roi peut être aussi sur la 2ᵉ case du Cavalier. Si les Pions commencent, tandis que le Roi est sur la 3ᵉ case du Cavalier, ils perdent par le premier coup P 4ᵉ C, parceque le Roi irait 2ᵉ C. Si au contraire le Roi se trouve sur la 2ᵉ case du Cavalier il jouerait ainsi.

BLANCS.	NOIRS.
1. . . .	1. P 4ᵉ C
2. R 3ᵉ C ou c C	

Si le Pion du Cavalier poussait à la 5ᵉ case, la position serait la même que la précédente. Si au contraire on poussait P 5ᵉ F échec ou P 5ᵉ T échec, nous aurons les positions suivantes.

ÉTUDE N° XII. TROISIÈME POSITION DE PREMIÈRE CLASSE.

Noirs.

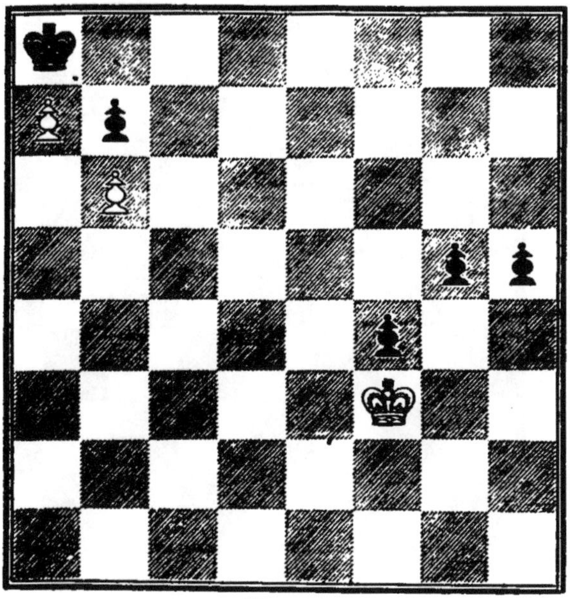

Blancs.

Dans les deux diagrammes précédents nous avons fait remarquer que le Roi, dans les positions de première classe, a toujours le choix de deux cases; dans cet exemple le Roi serait 2° F qu'il arrêterait de même les Pions.

BLANCS.	NOIRS.
1. R 2° F	1. P 5° C [1]
2. R 2° C et gagnent	

[1] Si on pousse le Pion 5° T, le Roi prend la case du Cavalier et arrête les Pions.

ÉTUDE N° XII. PREMIÈRE POSITION DE DEUXIÈME CLASSE.

Noirs.

Blancs.

Position où le trait décide. Le Roi arrête les Pions, mais il est
obligé de rester sur sa case.

BLANCS.	NOIRS.
1. R 4ᵉ F	1. P 5ᵉ T
2. R 3ᵉ F	2. P 4ᵉ C
3. R 2ᵉ C ou 2ᵉ F (A)	3. P 5ᵉ F
4. R c C	4. P 6ᵉ T¹
5. R 2ᵉ T	5. P 5ᵉ C
6. R c T	6. P 6ᵉ C
7. R c C	7. P 7ᵉ C
8. R 2ᵉ T	8. P fait D échec
9. R pr D	9. P 6ᵉ F et gagnent

(A).

BLANCS.	NOIRS.
1. R 4ᵉ F	1. P 5ᵉ T
2. R 3ᵉ F	2. P 4ᵉ C
3. R 2ᵉ F	3. P 6ᵉ T
4. R 3ᵉ C	4. P 5ᵉ C
5. R 2ᵉ T	5. P 5ᵉ F et gagnent

¹ Peu importe quel Pion poussent les noirs.

11

ÉTUDE N° XII. DEUXIÈME POSITION DE DEUXIÈME CLASSE.

Noirs.

Blancs.

Les blancs perdent s'ils ont le trait, autrement ils gagnent
les Pions.

ÉTUDE N° XII. TROISIÈME POSITION DE DEUXIÈME CLASSE.

Noirs.

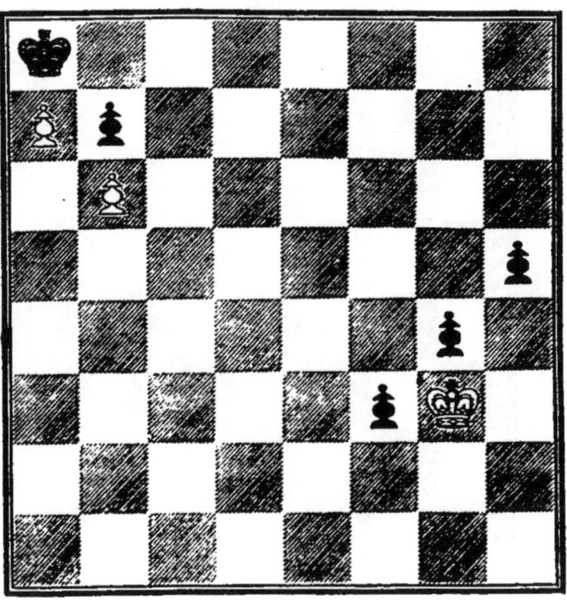

Blancs.

Le trait fait perdre.

ÉTUDE N° XII. PREMIÈRE POSITION DE TROISIÈME CLASSE.

Noirs.

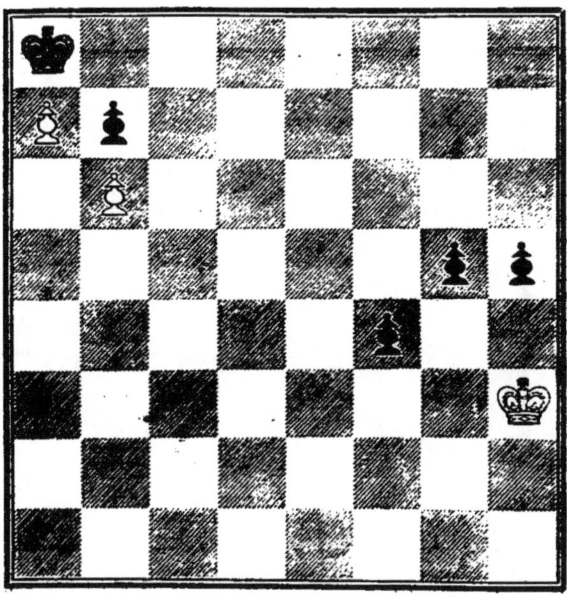

Blancs.

Les noirs gagnent toujours, et s'ils ont le trait en jouant le premier coup P 6° F ; nous avons déjà montré cette partie dans le
premier exemple de la deuxième classe.

ÉTUDE N° XII. DEUXIÈME POSITION DE TROISIÈME CLASSE.

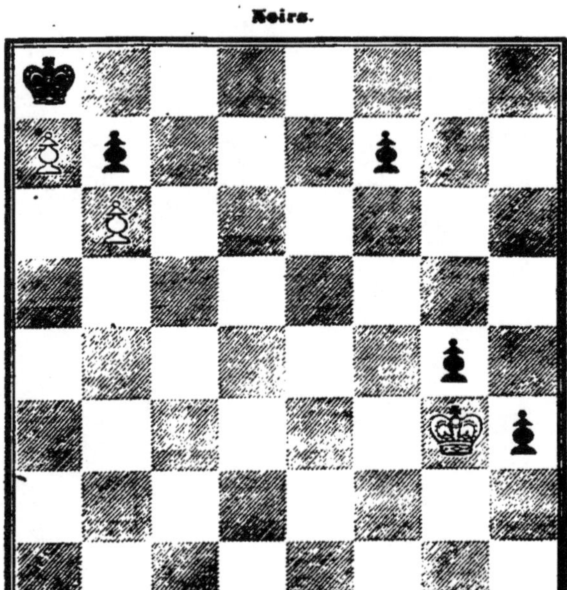

En jouant le Pion du Fou deux pas, les Pions gagnent ayant le trait ; mais si le Roi a le trait, le Pion ne pousse qu'un pas, et ira ensuite 4ᵉ F pour gagner un temps.

La partie est à peu près la même dans les deux positions suivantes.

ÉTUDE N° XII. TROISIÈME POSITION DE TROISIÈME CLASSE.

Noirs.

Blancs.

BLANCS.	NOIRS.
1.	1. P 3° C
2. R 2° C	2. P 4° C
3. R c C	3. P 5° C
4. R 2° C	4. P 6° C et gagnent

Pour voir à quelle classe appartient une position qui diffère des exemples précités, il faut la jouer et s'assurer que l'on joue les coups justes des deux côtés, jusqu'à ce qu'on arrive à une position indiquée. Pour l'application de cette règle nous donnons l'exemple suivant.

ÉTUDE N° XIII.

Noirs.

Blancs.

Le trait gagne, la partie se range donc dans la deuxième classe.

BLANCS.	NOIRS.
1.	1. P 4e T
2. R 2e R	2. P 4e F
3. R 3e F ou 2e F	3. P 5e T

Les noirs gagnent, puisque avec leurs Pions ils peuvent prendre contre le Roi blanc une des positions de la troisième classe. Si, au contraire, le trait était aux blancs, la partie serait à eux ; les Pions se trouveraient dans une position de première classe.

BLANCS	NOIRS
1. R 2e R	1. P 4e C ou P 4e T (A)
2. R 3e F	2. P 4e F
3. R 3e C et prend une position de première classe	

(A.)

1. R 2ᵉ R	1. P 4ᵉ T [1]
2. R 3ᵉ F	2. P 4ᵉ F
3. R 3ᵉ C [2]	

(B.)

1. R 2ᵉ R	1. P 4ᵉ T
2. R 3ᵉ F	2. P 4ᵉ F
3. R 4ᵉ F [3]	3. P 5 T
4. R 5ᵉ R	4. P 6ᵉ T
5. R 6ᵉ D	5. P 7ᵉ T
6. R 7ᵉ D	6. P fait D
7. P 7ᵉ F échec	7. R 2ᵉ T
8. P fait D et la partie est remise	

S'il n'y avait pas de Pion sur la 4ᵉ case du Fou le noir gagnerait
D 6ᵉ T échec, et ce cas se présenterait si le Roi blanc avait poussé
sur la 7ᵉ case de la Dame sans passer sur la 4ᵉ case du Fou, car
alors les noirs n'auraient pas eu de motif pour le coup P 4ᵉ F.

Nous n'avons montré que le Roi seul opposé contre trois Pions,
nous exposerons maintenant la partie des deux Rois, chacun ac-
compagné de trois Pions.

Avant de commencer cette partie de notre tâche, et pour éviter
les méprises, nous ferons remarquer encore une fois que sous les
trois classes, nous n'entendons que les positions du Roi en face
des Pions ennemis. Nous entendons par position de troisième classe
celle où le Roi, qu'il ait le trait ou non, ne peut pas arrêter la
marche des trois Pions. Au contraire la position de deuxième
classe sera celle où le trait décide la partie, etc. De là, nous pouvons tirer les conséquences suivantes, pour le but qui nous occupe.
Si les deux Rois se trouvent en position de deuxième classe, la
couleur qui a le trait perd, puisqu'elle est forcée de quitter la
seule case, d'où elle peut arrêter la marche des Pions ennemis.
Une position de deuxième classe perd toujours la partie contre
une position de première classe, parce que dans cette dernière le
Roi à le choix de deux cases, tandis que dans l'autre, il est pris.
Mais en ce qui concerne la troisième classe, la conséquence est
évidente, puisque les Pions, ayant le trait ou non, doivent gagner
contre le Roi, que les positions de première et de seconde classe ont
l'avantage sur celle de troisième.

---

[1] Ce coup vaut mieux que P 4ᵉ C, parce que de cette manière les noirs
peuvent gagner la remise si le Roi fait une seul fausse marche. (Voyez B.)

[2] Les blancs gagnent et cela par une position de première classe.

[3] Par ce coup la partie est remise.

ÉTUDE N° XIV.

Noirs.

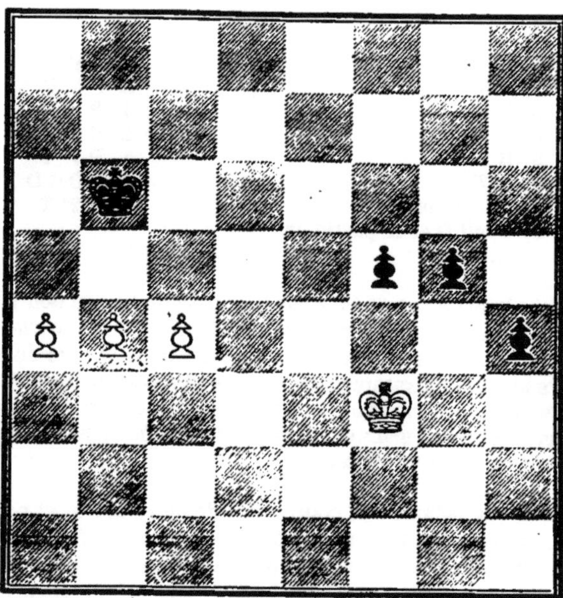

Blancs.

Les noirs gagnent contre le trait.

BLANCS.	NOIRS.
1. R 2e F	1. P 6e T
2. R 3e C	2. P 5e C
3. R 2e T	3. P 5e F
4. P 5e F échec	4. R 3e F
5. P 5e T	5. R 4e C et gagnent

Dans la première classe contre la deuxième, il faut distinguer si la position des deux côtés est la même, ou au moins telle qu'après quelques coups, elles passent dans les positions de première ou de troisième classe ; sinon dans le premier cas, la couleur qui a le trait gagne ; dans le second cas, tout dépend de la position la plus avantageuse. Dans les exemples suivants, nous montrerons d'abord des positions d'une force égale, puis des positions fortes, et enfin des positions plus fortes les unes que les autres, où nous démontrerons, d'après la pratique, les règles qu'il faut suivre.

ÉTUDE N° XV.

Noirs.

Blancs.

Le trait gagne.

BLANCS.	NOIRS.
1. P 5ᵉ T échec	1. R 2ᵉ T [1]
2. P 5ᵉ F	2. P 5ᵉ F échec
3. R 2ᵉ F	3. R c C
4. P 5ᵉ C	4. P 5ᵉ T
5. R 2ᵉ C et gagnent	

Nous remarquerons que si les blancs, qui ont le trait comme nous le supposons ici, ne font pas échec, et qu'ils poussent P 5ᵉ C, ils perdent la partie, et voici comment :

1. P 5ᵉ C	1. P 5ᵉ C [2]
2. R 2ᵉ C	2. P 5ᵉ T
3. R 2ᵉ T	3. P 5ᵉ F
4. R c C	4. P 6ᵉ F

[1] S'il allait sur une autre case, il perdrait encore.

[2] Quoique les deux parties aient maintenant des positions semblables de première classe, dans ce cas, par exception, le trait perdra. La cause en est que les blancs ne peuvent plus pousser les Pions, et que le Roi est obligé de battre en retraite devant les Pions ennemis ; mais ceux-ci peuvent maintenant prendre une position de 2ᵉ classe contre le Roi blanc, tandis que le Roi noir conserve toujours sa position de première classe.

BLANCS	NOIRS
5. R 2ᵉ F	5. P 6ᵉ T
6. R 3ᵉ C [1]	6. R 2ᵉ C
7. P 5ᵉ T	7. R 2ᵉ F
8. P 6ᵉ C échec	8. R 3ᵉ F et gagnent

[1] Par ce coup les blancs sont arrivés à la position de deuxième classe, et doivent, par conséquent, perdre contre les noirs qui occupent toujours la position de première classe.

ÉTUDE Nᵒ XVI.

Noirs.

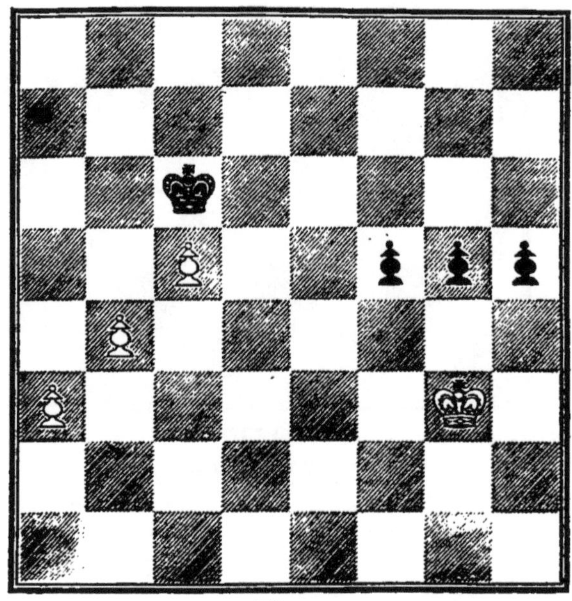

Blancs.

Le trait gagne.

BLANCS.	NOIRS.
1. . . .	1. P 5ᵉ T échec
2. R 2ᵉ T	2. P 5ᵉ F
3. P 4ᵉ T	3. P 6ᵉ F
4. P 5ᵉ T	4. R 4ᵉ C et gagnent

De même les blancs gagnent avec le trait.

BLANCS	NOIRS
1. P 4ᵉ T	1. P 5ᵉ F échec
2. R 2ᵉ F	2. P 5ᵉ T
3. P 5ᵉ T	3. P 6ᵉ T
4. P 6ᵉ T	4. P 5ᵉ C
5. P 5ᵉ C échec	5. R 2ᵉ F
6. P 6ᵉ C échec	6. R c C
7. P 7ᵉ T échec	7. R c T
8. P 6ᵉ F et gagnent	

ÉTUDE No XVII.

Noirs.

Blancs.

Dans cette position les blancs gagnent toujours; car le Pion de la Tour qui a déjà passé le centre, a gagné un temps. Si les blancs ont le trait, ils pousseront P 5ᵉ F et sur R 4ᵉ C; le Roi jouerait 2ᵉ case Cavalier et gagnerait; mais si les noirs avaient le trait la partie serait celle-ci :

BLANCS.	NOIRS.
1.	1. P 5ᵉ T échec
2. R 2ᵉ T [1]	2. P 5ᵉ F
3. P 5ᵉ F [2]	3. P 6ᵉ F
4. P 6ᵉ F	4. P 5ᵉ C
5. P 5ᵉ C échec	5. R 2ᵉ T
6. P 6ᵉ C échec	6. R c C
7. P 7ᵉ F échec	7. R c F
8. P 6ᵉ T	8. P 7ᵉ F
9. R 2ᵉ C	9. P 6ᵉ C
10. R c F	10. P 6ᵉ T
11. P 7ᵉ T et gagnent	

[1] En jouant R 2ᵉ C les blancs perdraient la partie.

[2] Si les noirs jouent 4ᵉ coup R 3ᵉ C, les blancs gagnent en jouant R 2ᵉ C.

Nous avons déjà montré dans le N° XIV que la position de troisième classe perd toujours contre une position de première classe ; de même nous avons déjà prouvé qu'une position de deuxième classe perd toujours contre celle de première ; pour rendre cette proposition plus évidente, et pour en tirer des conséquences importantes nous citerons les deux exemples suivants :

ETUDE N° XVIII.

Noirs.

Blancs

Les blancs gagnent toujours.

BLANCS.	NOIRS.
1. P 5° C	1. P 4° C
2. P 6° C	2. P 5° C
3. R 2° C et gagnent	

Cette règle s'étend encore à des positions qui, après quelques coups, entrent dans les positions de première ou de deuxième classe ; et, par conséquent, celui qui prendra une position de deuxième classe contre son adversaire, qui s'emparera de celle de première classe, devra perdre.

ÉTUDE N° XIX.

Noirs.

Blanes.

Les blancs gagnent.

BLANCS.	NOIRS.
1. R 3ᵉ C	1. P 3ᵉ C
2. P 4ᵉ C	2. P 4ᵉ C
3. R 2ᵉ C et gagnent	

Le résultat serait le même, si les noirs avaient eu le trait.

Dans les positions de troisième classe, où les Pions qui ont le trait, ou ceux qui ne l'ont pas, gagnent contre le Roi où tous les Pions ont déjà été déplacés ou un seul est encore resté sur sa case originaire, et selon les circonstances, ce dernier peut à volonté faire un ou deux pas. Si on compare les différentes positions entre elles, on verra que dans deux positions qui ont un Pion intact, la partie est remise ; si les Pions ont tous marché dans les deux jeux, celui qui a le trait gagne ; enfin la position qui a pu conserver un Pion intact, contre celle qui les a joués tous les trois, doit gagner.

ÉTUDE N° XX.

Noirs.

Blancs.

Le premier qui jouera le Pion du Fou perd.

BLANCS.	NOIRS.
1. P 3ᵉ F	1. R 2ᵉ C [1]
2. R 2ᵉ F	2. P 3ᵉ F [2]
3. P 4ᵉ F	3. R 3ᵉ F [3]
4. R 3ᵉ C	4. P 4ᵉ F
5. R 2ᵉ T	5. P 5ᵉ F
6. P 5ᵉ F	6. R 2ᵉ C [4]
7. R c T	7. P 6ᵉ C et gagnent

[1] Car par ce coup il prend une position par laquelle le Roi seul peut arrêter les Pions.

[2] Si les noirs jouaient ici P 4ᵉ F, les blancs pourraient arrêter les Pions.

[3] Ici le Roi marche, puisque seul il doit arrêter les Pions, et par conséquent il n'a pas un temps à perdre.

[4] Et arrête les Pions, tandis que le Roi blanc est forcé d'abandonner sa position.

ÉTUDE N° XXI.

Noirs

Blancs.

Dans cette position, les noirs gagnent toujours, puisque leur Pion
du Fou est encore intact.

BLANCS.	NOIRS.
1. R 3ᵉ T [1]	1. R 2ᵉ C
2. R 2ᵉ C	2. R 3ᵉ T
3. R 3ᵉ F	3. P 4ᵉ F
4. R 2ᵉ C	4. P 5ᵉ F
5. P 5ᵉ F	5. R 4ᵉ C
6. R c C	6. P 6ᵉ F et gagnent

Nous rappelons ici, encore une fois, qu'une position de deuxième
classe, avec le trait, perd contre une position de la même classe ;
de plus, que le Roi, dans une position de troisième classe, perd
toujours si ses Pions en face du Roi ennemi se trouvent dans une
position de première ou de deuxième classe.

____

[1] S'il poussait un Pion, le Roi noir les arrêterait.

ÉTUDE N° XXII.

Noirs.

Blancs.

La partie est à celui qui a le trait.

BLANCS.	NOIRS.
1. P 5° F	1. R c C ou 2° C (A.)
2. R 2° C et gagnent	

(A.)

1. P 5° F	1. R 2° C
2. R c C et gagnent	

ÉTUDE N° XXIII.

Noirs.

Blancs.

Le trait perd la partie.

BLANCS.	NOIRS.
1. R 2° T	1. P 5° F
2. R c C	2. R 2° T ou 2° F et gagnent

Nous venons de passer en revue les trois classes, et d'établir les règles pour toutes les positions possibles ; nous allons appliquer ces lois à quelques cas particuliers et difficiles, et nous choisirons des positions déjà citées par des auteurs, mais qui n'ont pas toujours été jouées juste.

ÉTUDE N° XXIV.

Dans le N° XIII de ce chapitre nous avons vu qu'un Roi de la case de la Dame par sa marche peut toujours arrêter les trois Pions du F, C, et T à leurs cases, et prendra vis-à-vis d'eux une position de première classe ; comme les forces sont ici égales, les deux Rois prendront conséquemment les mêmes sortes de position contre les Pions ennemis; le trait restera toujours à celui qui l'aura eu dès le principe. Mais par les exemples précédents, et surtout par le N° XV, nous avons démontré que dans deux positions égales de première classe le trait décide. Donc dans la position précitée, celui qui a le trait doit gagner.

Mais comme nous appuyons notre raisonnement sur le N° XIII, il suit de là que le trait gagne dans le cas où il joue les coups indiqués, c'est-à-dire quand il commence par jouer.

BLANCS.	NOIRS.
1. R 2° R	1. R 2° D

Nous ne pouvons pas encore décider quel résultat serait amené
par un autre début. Le N° XXIII précité a été posé par M. Szen,
qui soutenait, à Londres et à Paris, le pari que le trait gagnerait la
partie ; mais nous devons l'indication de la juste marche de cette
fin de partie à M. Walker, qui l'a publiée le 7 juin 1840 dans *Bell's
Life*, et qui l'a plus tard intercalée dans son ouvrage, p. 231.

1. R 2e R [1]	1. R 2e D [2]
2. R 3e F	2. R 3e F
3. P 4e T	3. P 4e T
4. P 4e F	4. P 4e F [3]
5. R 3e C [4]	5. R 3e C [5]
6. P 4e C	6. P 4e C [6]
7. P 5e T échec	7. R 3e T
8. P 5e F	8. P 5e T échec [7]
9. R 3e T	9. R 4e C ou (A.)
10. R 2e T et gagnent	

[1] Voici le coup décisif ; car en jouant 1. P 4e T la partie, comme nous le
démontrerons plus tard, serait remise.

[2] Peu importe que les noirs marchent dans l'ordre que nous avons indiqué, qu'ils avancent le Roi ou qu'ils poussent un des Pions.

[3] Si les noirs poussaient ici le P 5e T, le Roi attaquerait ce Pion à la 4e
case du Cavalier, où il jouerait sur la 2e case du Cavalier pour atteindre par
cette marche la 3e case de la Tour.

[4] Pour empêcher le Pion de prendre la 5e case de la Tour.

[5] S'il poussait un Pion, les Pions blancs gagneraient, en jouant P 5e T, une
position de troisième classe.

[6] Si les noirs n'avançaient le Pion que d'un pas, les blancs gagneraient par
le coup 7. P 5e T échec sur le 6e R 2e T ; suit également le 7e P 5e T.

[7] Les noirs ne jouent pas au 8e coup Roi 4e C, parce qu'ils se retrouveraient
dans la position de deuxième classe ; tandis que les blancs, en jouant au 9e
coup R 2e C, garderont une position de première classe.

(A.)

Noirs.

Blancs.

BLANCS.	NOIRS.
9.	9. P 5° F
10. P 6° F	10. P 6° F
11. P 5° C échec	11. R 2° T
12. P 7° F	12. P 5° C échec
13. R 2° T	13. R 2° C
14. P 6° G	14. P 6° C échec
15. R c C et gagnent	

Si les blancs au premier coup n'avaient pas joué le Roi, mais le Pion 4° case Tour, comme nous l'avons dit, la partie serait remise.

1. P 4° T	1. P 4° T [1]

[1] Les noirs ne doivent pas jouer ici leur Roi, car les blancs en avançant au 2° coup R 2° R regagneraient le temps perdu, et il importe beaucoup pour les noirs de porter leurs Pions sur la 5° case de la Tour, sans être obligés de le soutenir par le Pion du Cavalier.

2. R 2ᵉ R   •2. P 4ᵉ F
3. P 4ᵉ F   3. R 2ᵉ D
4. P 5ᵉ T   4. R 3ᵉ F
5. R 3ᵉ F   5. P 5ᵉ T
6. R 4ᵉ F   6. R 4ᵉ F

Partie nulle.

Celui qui dans cette position pousse le dernier Pion intact, doit perdre, comme nous le verrons dans les parties suivantes.

1. P 4ᵉ T	1. P 4ᵉ T
2. P 4ᵉ F	2. R 2ᵉ D
3. P 5ᵉ T	3. R 3ᵉ F
4. R 2ᵉ R	4. P 4ᵉ F
5. R 2ᵉ F	5. P 5ᵉ T
6. P 4ᵉ C [1]	6. P 5ᵉ F
7. R 2ᵉ C	7. R 2ᵉ F
8. P 5ᵉ F	8. P 4ᵉ C
9. R c C	9. P 5ᵉ C
10. R 2ᵉ C	10. P 6ᵉ C
11. P 5ᵉ C	11. R c C et gagnent

Autre manière de jouer.

1. P 4ᵉ T	1. P 4ᵉ T
2. P 4ᵉ F	2. R 2ᵉ D
3. P 5ᵉ T	3. R 3ᵉ F
4. R 2ᵉ R	4. P 4ᵉ C mauvais
5. R 3ᵉ F	5. P 5ᵉ C échec ou (B)
6. R 3ᵉ C	6. R 4ᵉ F ou (C)
7. P 4ᵉ C échec	7. R 3ᵉ F
8. P 6ᵉ T	8. R 3ᵉ C
9. P 5ᵉ C	9. P 4ᵉ F
10. P 5ᵉ F échec	10. R 2ᵉ T
11. R 2ᵉ C et gagnent	

[1] En jouant R 3ᵉ F la partie serait remise.

(B.)

Noirs.

Blancs.

BLANCS.	NOIRS.
5.	5. P 5e T
6. R 4e C	6. R 2e C
7. P 5e F	7. P 3e F
8. P 4e C	8. R c C
9. P 5e C et gagnent	

(C.)

Noirs.

Blancs.

BLANCS.	NOIRS.
6.	6. R 2ᵉ F
7. P 5ᵉ F	7. R 2ᵉ C
8. P 4ᵉ C	8. P 4ᵉ F
9. R 2ᵉ C	9. P 5ᵉ F
10. R 2ᵉ F et gagnent	

ÉTUDE N° XXV.

Que le trait soit aux blancs ou non, ils gagnent; avec le trait les blancs gagnent, parce que leur position est semblable à la précédente et même plus avantageuse; mais contre le trait ils gagnent encore en jouant.

BLANCS.	NOIRS.
1. . . .	1. R 2e D [1]
2. P 4e T [2]	2. P 4e T
3. R 2e F [3]	3. P 5e T
4. R 2e C	4. R 3e F
5. R 3e T [4]	5. P 4e C

[1] Ou aussi P 4e T, sur quoi les blancs avancent le Roi.

[2] Les blancs peuvent aussi jouer leur Roi.

[3] Si les noirs poussent P 4e C, ou P 4e F la partie est semblable à celle indiquée dans le N° XXIII.

[4] Par ce coup les noirs sont forcés d'avancer leur Pion 4e C, et la partie ne peut plus être remise.

6. P 5ᵉ T [1]	6. R 4ᵉ C
7. P 4ᵉ C	7. P 4ᵉ F
8. P 4ᵉ F échec	8. R 3ᵉ T
9. P 5ᵉ F et gagnent	

M. Greco est le premier qui ait indiqué cette position ; elle se trouve dans une édition de Paris, 1774 (p. 237) comme une des 6 fins de partie, avec cette indication : « Moyen le plus sûr de faire marcher ses Pions et de bien conduire son Roi à la fin du jeu. »

M. Lewis dans son édition des Greco, Londres 1833 (p. 141) remarque à propos de cette partie, qu'elle devrait être toujours remise et perdue pour celui qui avancerait le premier ses Pions intacts. Nous avons déjà démontré que cette règle souffre des exceptions selon des cas déterminés. La partie de M. Greco n'a pas de remarque, et n'est pas exacte. Il joue :

1. P 4ᵉ T	1. R 2ᵉ D
2. P 5ᵉ T	2. R 3ᵉ F
3. P 4ᵉ F	3. P 4ᵉ T
4. P 4ᵉ C	4. P 4ᵉ C
5. R 2ᵉ F	5. P 4ᵉ F [2]
6. R 3ᵉ C	6. P 5ᵉ T échec
7. R 3ᵉ T	7. P 5ᵉ F
8. R 4ᵉ C	8. R 2ᵉ C
9. P 5ᵉ C [3]	9. R 2ᵉ F mll
10. P 5ᵉ F	10. R 2ᵉ C [4] mauvais
11. P 6ᵉ C	11. R c C
12. P 6ᵉ T	12. R c T
13. P 7ᵉ T	13. R 2ᵉ C
14. P 6ᵉ F échec	14. R c T
15. P 7ᵉ F	15. R 2ᵉ C
16. P 8ᵉ T fait D échec	16. R pr D
17. P 8ᵉ F fait D mat	

[1] En jouant P 4ᵉ F, les blancs perdraient, parce que les noirs auraient joué leur Roi 3ᵉ C.

[2] Ercole Del Rio dit, à propos de ce coup, que les noirs en jouant au 5ᵉ P 5ᵉ T auraient pu gagner la remise ; mais nous démontrerons que les noirs par le 5ᵉ P 5ᵉ T auraient même dû gagner la partie. Mais sur le 5ᵉ coup P 4ᵉ F les blancs ont de nouveau l'avantage, et ils le rendent décisif en jouant au 6ᵉ R 2ᵉ C.

[3] C'est encore une faute, et les noirs en jouant le Roi sur la 2ᵉ case du Fou, ou sur la 2ᵉ case de la Tour, gagneraient la partie ; mais le coup juste est 9ᵉ P 5ᵉ F.

[4] Les noirs en jouant le Roi à la case du Cavalier gagneraient.

ÉTUDE N° XXVI.

Noirs.

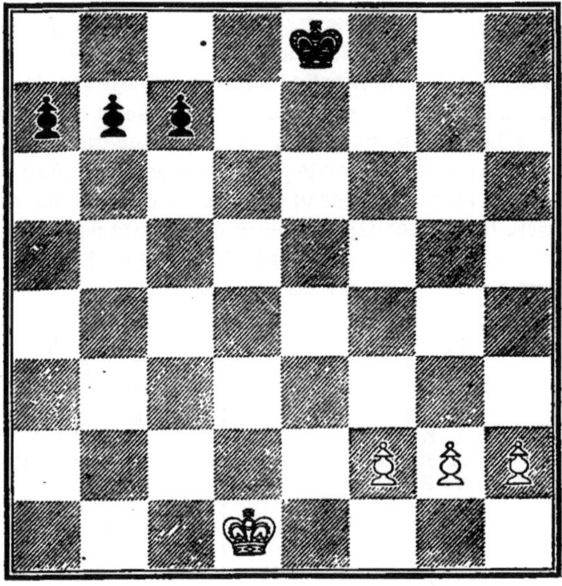

Blancs.

Cette partie est la 32ᵉ dans Bertin. La couleur qui a le trait gagne, comme dit justement l'auteur, et la conduite de cette partie est exactement celle indiquée par Bertin.

BLANCS.	NOIRS.
1.	1. P 4ᵉ T
2. P 4ᵉ T	2. R 2ᵉ F
3. P 5ᵉ T	3. R 2ᵉ C
4. P 4ᵉ C	4. R 3ᵉ T
5. P 4ᵉ F	5. P 5ᵉ T
6. R 2ᵉ F	6. P 4ᵉ C .
7. R 2ᵉ C	7. P 5ᵉ C
8. R 2ᵉ T	8. P 6ᵉ T
9. P 5ᵉ F	9. R 4ᵉ C
10. R 3ᵉ C	10. P 4ᵉ F
11. R 2ᵉ T	11. P 5ᵉ F
12. R c C	12. P 6ᵉ F
13. R c F	13. P 7ᵉ T
14. R 2ᵉ F	14. P fait D et gagnent

ÉTUDE N° XXVII.

Noirs.

Blancs.

Les blancs gagnent ayant le trait.

BLANCS.	NOIRS.
1. P 6ᵉ C	1. P T pr P ou P F pr P (A.)
2. P 6ᵉ F	2. P pr P F mll
3. P 6ᵉ T et gagnent	

(A.)

BLANCS.	NOIRS.
1. P 6ᵉ C	1. P F pr P
2. P 6ᵉ T	2. P pr P T mll
3. P 6ᵉ F et gagnent	

ÉTUDE N° XXVIII.

Noirs.

Blancs.

Cette partie est toujours remise, même lorsque les noirs ont le trait.

BLANCS.	NOIRS.
1. . . .	1. P 4° F
2. R 3° F [1]	2. R 3° F
3. R 4° D	3. P 5° F
4. R 4° R	4. P 6° F
5. R pr P	5. R 4° R
6. R 3° C	6. R pr P
7. P 4° T	7. P pr P échec

Partie égale.

[1] Ils perdraient la partie s'ils prenaient le Pion du Fou.

CHAPITRE VII

ÉTUDE N° I.

Noirs.

Blancs.

Les blancs ont le trait, et gagnent facilement, comme on le
voit par le tableau N° L

		I.	II.	III.	IV.	V.	VI.	VII.	VIII.	IX.	X.	XI.
1	Blancs	R 2e D										
1	Noirs	P 4e F		P 4e C					P 3e T	P 4e T		
2	Blancs	P pr P		P 4e C					P 4e C	P 4e T		
2	Noirs	P pr P		R 4e D				P 3e T	P 4e T	R 4e D	P 4e C	P 4e F
3	Blancs	P 3e C		R 3e D				R 2e R	P pr P	R 3e D	P pr P	P pr P
3	Noirs	R 4e R		P 3e T			R 3e R	R 4e D	P pr P	P 4e C	P pr P	P pr P
4	Blancs	R 3e R		P 3e T			P 4e F	R 3e D	P 4e T	P pr P	R 2e R	P 3e C
4	Noirs	R 4e D		R 3e D			P 3e T	▽	R 4e D	P pr P	P 5e C	R 4e R
5	Blancs	R 3e D		P 4e F			P 5e F		R 3e D	P 4e F×	R 2e D	R 3e R
5	Noirs	P 3e T		R 3e R		P pr P×	R 4e D		R 3e R	P pr P×	P 6e C	R 4e D
6	Blancs	P 3e T		P 5e F		R pr P	P 3e T		R 4e R	R 3e F	R 2e R	R 3e D
6	Noirs	P 4e T		R 4e D	R 2e R	R 2e D	R 3e R		R 3e D	▽	P 5e T	R 3e D
7	Blancs	P 4e T		R 3e R	R 4e R	R 5e F	R 4e R		P 4e F		R 2e D	R 4e R
7	Noirs	R 3e D	P 5e F×	R 5e F	R 3e R	R 2e F	▽		R 3e R		R 4e D	R 3e R
8	Blancs	R 4e R	P pr P×	R 4e R	P 5e D×	P 4e T			P 5e F		R 3e D	P 4e F
8	Noirs	R 3e R	R 4e F	R 6e C	P pr P×	R 2e C			▽		P 6e T	▽
9	Blancs	P 4e F	R 2e D	P 5e D	R 4e D	R 6e D					P 4e F×	
9	Noirs	R 3e D	R pr P	P pr P×	R 2e R	▽					R 3e D	
10	Blancs	R 5e F	R 2e F	R pr P	R pr P						P pr P	
10	Noirs	▽	R 4e D	▽	▽						▽	
11	Blancs		R 3e D									
11	Noirs		R 4e F									
12	Blancs		P 4e F									
12	Noirs		▽									

ÉTUDE Nᵒ II.

Noirs.

Blancs.

Les blancs avec le trait ont la remise.

BLANCS.	NOIRS.
1. P 6ᵉ F	1. R 3ᵉ D [1]
2. P pr P	2. R 2ᵉ F
3. P 6ᵉ T partie remise	

[1] Si les noirs prennent le Pion, les blancs gagnent en poussant au deuxième coup P 6ᵉ C.

ÉTUDE Nᵒ 1II.

Noirs.

Blancs.

Les blancs gagnent avec ou sans le trait.

BLANCS.	NOIRS.
1. P 4ᵉ R	1. R 2ᵉ D
2. P 4ᵉ F	2. P pr P en passant
	ou (A.)
3. P pr P	3. R 2ᵉ F
4. P 3ᵉ T	4. R 2ᵉ D
5. P 5ᵉ R	5. P pr P
6. R pr P R	6. R 3ᵉ F
7. P 4ᵉ F	7. R 2ᵉ F
8. R 5ᵉ D	8. R 3ᵉ C
9. R 6ᵉ D et gagnent	

(A)

BLANCS.	NOIRS.
1. P 4ᵉ R	1. R 2ᵉ D
2. P 4ᵉ F	2. R 2ᵉ F
3. P 5ᵉ R	3. P pr P
4. R pr P R	4. R 3ᵉ F
5. R 6ᵉ R	5. R 2ᵉ F
6. R 5ᵉ D	6. R 3ᵉ C
7. R 6ᵉ D et gagnent	

ÉTUDE N° IV.

Noirs.

Blancs.

Ponziani prétend que la partie est gagnée pour les blancs s'ils
ont le trait; mais Walker dans son *Philidorianum*, p. 22, démontre la nullité.

BLANCS.	NOIRS.
1. P 4ᵉ T	1. P 5ᵉ D
2. P 5ᵉ T	2. P 6ᵉ D
3. R c F	3. P 6ᵉ F
4. R c R	4. P 5ᵉ C [1]
5. P 6ᵉ T	5. P 7ᵉ F échec
6. R pr P	6. P 6ᵉ C échec
7. R pr P	7. P 7ᵉ D
8. P 7ᵉ T	8. P fait D
9. P fait D échec [2]	9. R 2ᵉ C
10. D 7ᵉ C échec	10. R 3ᵉ F
11. D 6ᵉ C échec	11. R 4ᵉ F
12. D 2ᵉ F échec	12. R 3ᵉ R
13. D 6ᵉ C échec	13. D 3ᵉ D
14. D 3ᵉ C échec	14. R 3ᵉ F
15. R 4ᵉ T	

[1] Ce coup est de M. Szen, Ponziani joue ici pour les noirs 4 P 3ᵉ R ; sinon les blancs gagneraient.

[2] Et la partie est remise, ainsi qu'il suit.

ÉTUDE N° V.

Noirs.

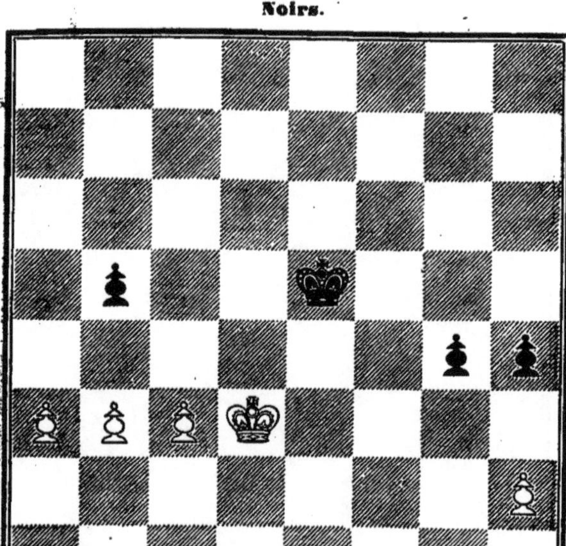

Blancs.

Le trait gagne. Les blancs en jouant 1. R 3ᵉ R, — les noirs en
poussant P 6ᵉ T, ou P 6ᵉ C.

BLANCS.	NOIRS.
1. . . .	1. P 6ᵉ C
2. P pr P	2. P 6ᵉ T et gagnent

ÉTUDE N° VI.

Noirs.

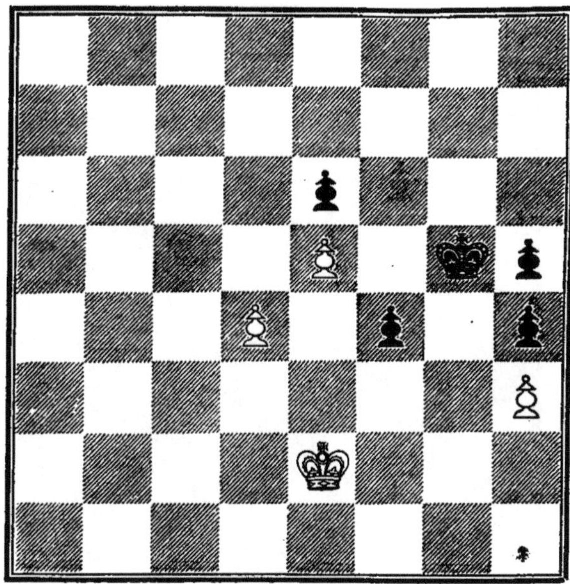

Blancs.

Dans cette position la partie est remise.

BLANCS.	NOIRS.
1. R 2ᵉ F [1]	1. R 3ᵉ C
2. R 2ᵉ C	2. R 4ᵉ C [2]

Variante.

BLANCS.	NOIRS.
1. R 3ᵉ F	1. R 4ᵉ F
2. P 5ᵉ D	2. P pr P
3. P 6ᵉ R	3. R pr P
4. R pr P	4. R 3ᵉ F
5. R 3ᵉ R	5. R 4ᵉ R
6. R 3ᵉ D	6. R 5ᵉ F
7. R 4ᵉ D	7. R 6ᵉ C et gagnent

[1] En jouant R 3ᵉ F les blancs perdraient, voyez la variante.

[2] Si le Roi noir allait à la 4ᵉ case du Fou, les blancs gagneraient en jouant le roi 3ᵉ F, et après R 4ᵉ R.

ÉTUDE N° VII.

Noirs.

Blancs.

La partie est remise, si les noirs ont le trait.

BLANCS.	NOIRS.
1. . . .	1. P 4ᵉ C D
2. P pr P ¹	2. P pr P
3. R 3ᵉ F	3. P 5ᵉ C échec
4. R 3ᵉ R	4. P 3ᵉ T
5. R 3ᵉ D	5. R 3ᵉ R
6. R 3ᵉ R	6. R 4ᵉ F et la partie est évidemment remise.

(A).

BLANCS.	NOIRS.
1. . . .	1. P 4ᵉ C D
2. P 5ᵉ T	2. R 5ᵉ C
3. R 2ᵉ F	3. R 6ᵉ T
4. R 3ᵉ F	4. P 3ᵉ T
5. R 2ᵉ F	5. P 5ᵉ C et gagnent

¹ Si les blancs poussaient le Pion de la Tour une case ils perdraient, voyez (A).

ÉTUDE N° VIII.

Noirs.

Blancs.

Même contre le trait les noirs peuvent remettre la partie, quoique plus faibles de deux Pions que les blancs.

BLANCS.	NOIRS.
1. R 3° C	1. R 7° R
2. P 4° F D	2. R pr P 3° F
3. P 5° F	3. P 5° C
4. P 6° F	4. P pr P
5. P 7° F	5. P 7° T
6. P fait D	6. P fait D

Nulle.

ÉTUDE N° IX.

Noirs.

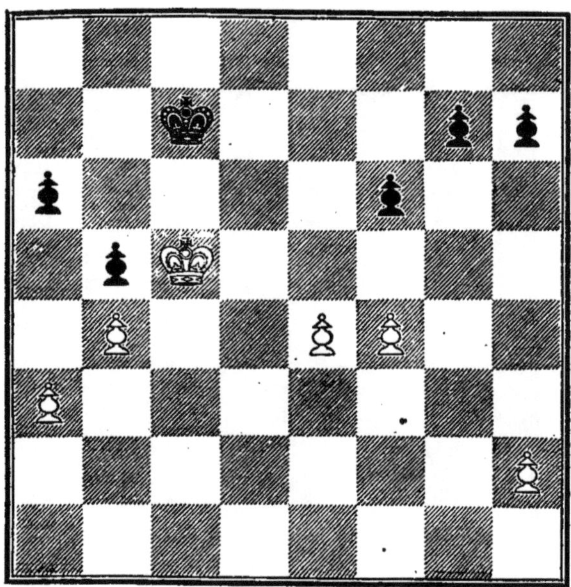

Blancs.

Dans cette situation les blancs gagnent, s'ils ont le trait et
s'ils jouent 1. P 5ᵉ R.

Cela ressort des numéros XIV, XVIII, et XIX du tableau suivant.

On a ajouté les autres variantes que comme éclaircissement
complémentaire.

CHAPITRE VII. — TABLEAU DE L'ÉTUDE N° IX.

I	II	III	IV	V	VI	VII	VIII	IX	X	XI	XII	XIII	XIV	XV	XVI	XVII	XVIII	XIX
P 4e TR												P 5e R						
P 3e CR												P pr P						P 4e F
R 5e D						P 5e R						P pr P						P 6e R
R 2e D						P pr P						P 4e C		R 2e D				P 3e TR
P 5e F ....P 5e R						P pr P						P 6e R	R 5e D	R 6e C			R 5e D	P 4e TR
P pr P	P pr P					P 3e T					R 2e D	P 4e T	R 2e D	P 4e C			P 3e C	P 3e CR
P pr P	P pr P				R pr P	R 5e D			P 6e R	R 6e C		R 5e D	P 6e R×	R pr P		R 5e F	P 6e R×	R 5e D
P 4e TR	P 3e TR			R 2e R		P 4e C	P 4e TR ..	R 2e D	P 4e C	P 4e TR ..	P 3e T	P 5e C	R 2e R	P 4e T		R 3e R	R 2e R	R c D
=	P 6e R×		R 4e R	P 5e F	R 5e D	P pr P	R 4e R	⌐	P pr P	R 5e F	R 5e F	R 5e R	R 5e R	R pr P		R 4e D	R 5e R	R 6e D
	R 2e R		R 3e R	P pr P	R 3e F	P pr P	R 2e D		P pr P	P 4e C	R 3e R	P 5e T	P 3e T	P 5e C		P 3e T	P 3e T	R c R
	R 5e R		R 4e F	R pr P	R 6e F	R 4e R	R 4e F		R 5e D	P pr P	R 4e D	R 4e F	R 5e F	P 4e TD ...	R 6e T	R 4e R	P 3e T	P 7e R
	P 4e CR		P 4e C×	R 2e F	R 4e F	R 3e F	R 3e R		P 5e C	P 5e T	P 4e C	P 6e C	▽	P 5e T	P 5e T	P 4e T	P 4e TR	P 4e TR
	P pr P	P 5e TR	P pr P	R 5e C	R 6e C	R 5e F	R 5e C		R 4e R	P 6e C	P pr P	P pr P		P 5e TD	P 5e C	P 3e T	P 4e TR	R 6e R
	P pr P	P 5e CR	P pr P×	R 2e C	R pr P	R 4e D	R pr P		R 3e D	R 3e R	P pr P	P pr P		P 6e C	P 6e C	P 5e C	P 4e C	P 4e C
	R 5e F	R 4e F	R pr P	P 5e T	R pr P	P 6e R	R pr P		R 4e F	P 7e C	R 4e R	=		P pr P	P pr P	P pr P	P pr P	P T pr P
	P 5e C	R pr P	R pr P	R 2e F	P 4e C	▽	R 3e R		R pr P	R 2e F	P 5e C			P 6e T	P pr P	P pr P	P 5e T	▽
	R pr P	R pr P	⌐	R 6e T	P pr P				⌐	P 6e R×	R 4e F			P 6e T	P 6e C	R 4e F	P 6e C	
	R pr P	R 4e R	R c C	R pr P	R 4e F				R pr P	P 6e C				P 7e T	P 7e C	P 6e C	▽	
	⌐	R 3e C	R 5e C	R pr P	R 6e T				R 6e D	R pr P				P 7e T	P 6e R×	R pr P		
		R 4e F	R 2e F	P 4e T	R 3e F				P 6e T	R pr P				P fait D	R pr P	R pr P		
		R 4e T	R 5e F	R 6e T	P 5e T				P 7e R	⌐				⌐	P 7e C	⌐		
		R 5e F	P 3e T	P 5e T	R 2e F				P 7e T					P fait D	P fait D			
		R 3e T	=	P 5e C	R 5e C				P fait D									
		R 4e C		P 6e T	▽				P fait D									
		⌐		=					=									

ÉTUDE N° X.

Noirs.

Blancs.

Stein conclut que la partie est remise.

BLANCS.	NOIRS.
1. . . .	1. R 2ᵉ D
2. P 4ᵉ T R	2. P 3ᵉ F [1]
3. P 5ᵉ T	3. R 2ᵉ R [2]
4. P 6ᵉ F [3]	4. P 3ᵉ C D
5. P 7ᵉ F	5. R 2ᵉ D
6. P fait D échec	6. R pr D
7. R 6ᵉ F et gagnent	

[1] Ce coup est mauvais, et fait perdre la partie aux noirs. En jouant 2ᵉ P 4ᵉ T, les noirs auraient eu la remise, parcequ'ils auraient poussé le Pion du Fou une case et l'auraient affranchi.

[2] Stein en jouant son Roi à cette case, dit qu'il pourra le mettre en opposition le coup suivant. Mais évidemment Stein ne voit pas que les blancs en poussant le Pion 6ᵉ F doivent gagner.

[3] Stein joue ici R 4ᵉ R et conduit la partie à la remise.

CHAPITRE VIII

POSITIONS POUR METTRE EN PRATIQUE CE QUI A ÉTÉ EXPLIQUÉ DANS LES CHAPITRES PRÉCÉDENTS.

ÉTUDE N° I.

Noirs.

Blancs.

Les blancs avec ou sans le trait gagnent.

On trouvera les solutions à la fin de ce chapitre.

Par la suite pour placer deux diagrammes dans chaque page, l'on a ôté les mots blancs et noirs qui se trouvent en tête et en pied, mais ce sera, comme dans les études précédentes, les noirs en haut et les blancs en bas.

ÉTUDE Nº II.

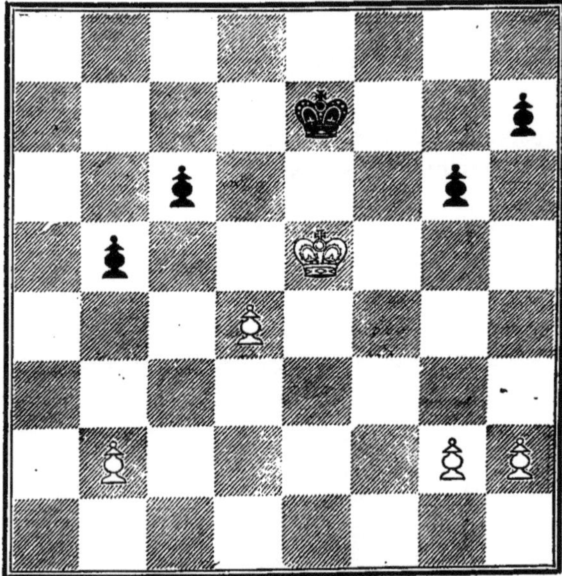

Les blancs avec le trait gagnent.

ÉTUDE Nº III.

Les blancs avec le trait ne peuvent faire que partie nulle.

ÉTUDE N° IV.

Les blancs avec le trait ne peuvent faire que partie nulle.

ÉTUDE N° V.

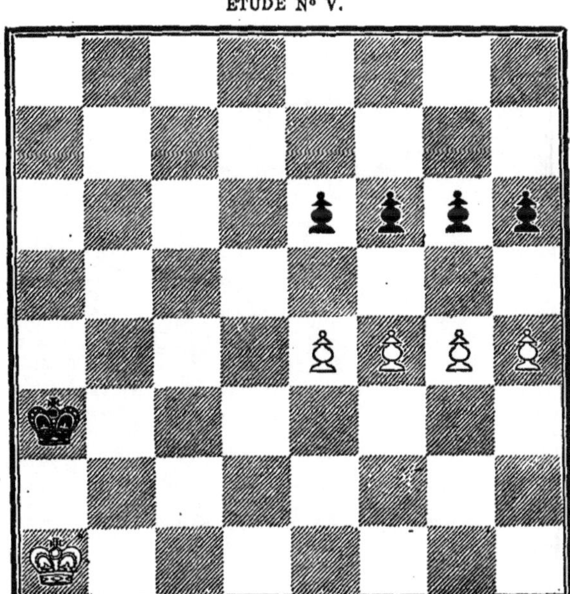

Les blancs avec le trait gagnent.

ÉTUDE Nº VI.

Les blancs avec le trait ne font que partie nulle.

ÉTUDE Nº VII.

Les blancs avec le trait font partie nulle.

ÉTUDE N° VIII.

Les blancs avec le trait font partie nulle.

ÉTUDE N° IX.

Les blancs ont le trait et gagnent.

ÉTUDE Nº X.

Les noirs avec ou sans le trait gagnent.

ÉTUDE Nº XI.

Les blancs avec le trait gagnent.

ÉTUDE Nº XII.

Les blancs avec le trait font partie nulle.

ÉTUDE Nº XIII.

Les blancs ont le trait et gagnent même, si les noirs font dame.

ÉTUDE Nº XIV.

Les noirs avec le trait gagnent.

ETUDE Nº XV.

Les noirs avec le trait font partie nulle.

ÉTUDE N° XVI.

Les noirs sans le trait font partie nulle.

ÉTUDE N° XVII.

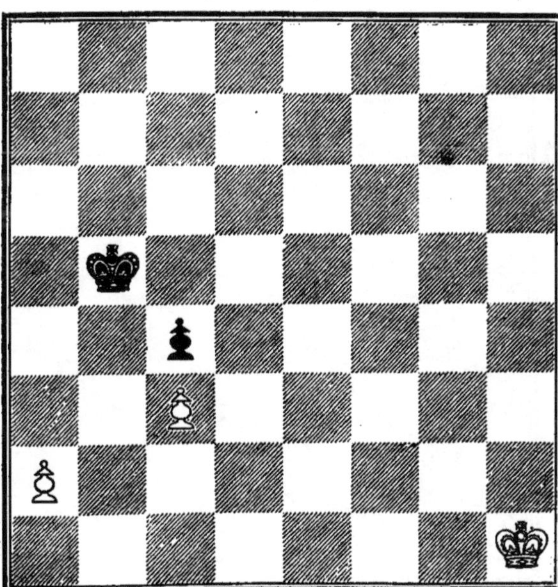

Celui qui a le trait gagne.

ÉTUDE N° XVIII.

Les blancs avec ou sans le trait gagnent.

ÉTUDE N° XIX.

Les blancs avec le trait gagnent.

ÉTUDE Nᵒ XX.

Les noirs avec le trait gagnent.

ÉTUDE Nᵒ XXI.

Les blancs avec le trait gagnent.

ÉTUDE N° XXII.

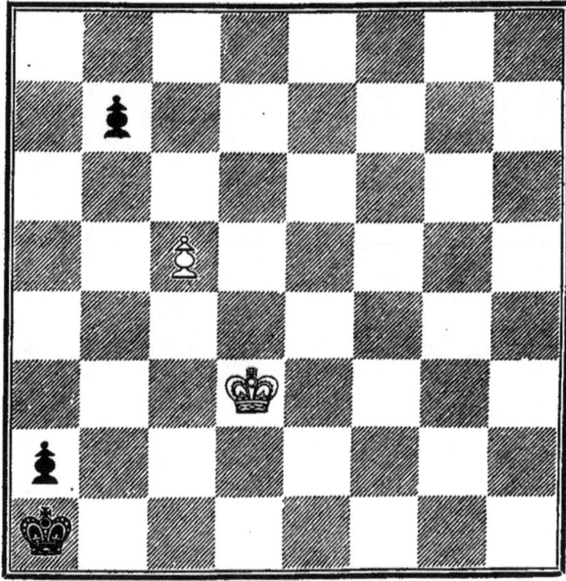

Les blancs avec le trait gagnent.

ÉTUDE N° XXIII.

Les noirs avec ou sans le trait font partie nulle.

ÉTUDE Nᵒ XXIV.

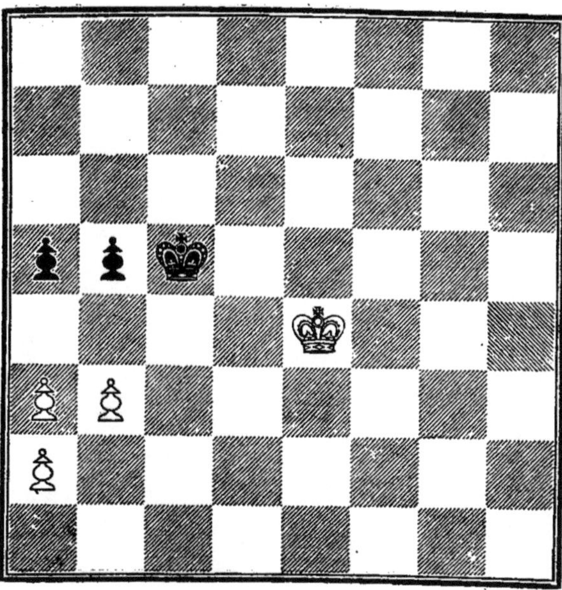

Les blancs avec le trait gagnent.

ÉTUDE Nᵒ XXV.

Les blancs ont le trait et gagnent.

ÉTUDE N° XXVI.

Les blancs avec le trait gagnent.

ÉTUDE N° XXVII.

Celui qui a le trait gagne.

ÉTUDE N° XXVIII.

Les blancs avec le trait gagnent.

ÉTUDE N° XXIX.

Les noirs avec le trait font partie nulle.

ÉTUDE N° XXX.

Les blancs avec le trait gagnent.

ÉTUDE N° XXXI.

Les blancs avec le trait gagnent.

ÉTUDE N° XXXII.

Les blancs avec le trait gagnent.

ÉTUDE N° XXXIII.

Les blancs avec ou sans le trait gagnent.

ÉTUDE N° XXXIV.

Les blancs avec le trait gagnent.

ÉTUDE N° XXXV.

Les blancs avec le trait gagnent.

ÉTUDE N° XXXVI.

Les noirs avec le trait ne peuvent faire que partie nulle.

ÉTUDE N° XXXVII.

Les blancs avec ou sans le trait gagnent.

ÉTUDE N° XXXVIII.

Les blancs avec le trait font partie nulle.

ÉTUDE N° XXXIX.

Les noirs avec ou sans le trait font partie nulle.

ÉTUDE Nº XL.

Les blancs avec le trait gagnent.

ÉTUDE Nº XLI.

Les blancs avec le trait gagnent.

ÉTUDE N° XLII.

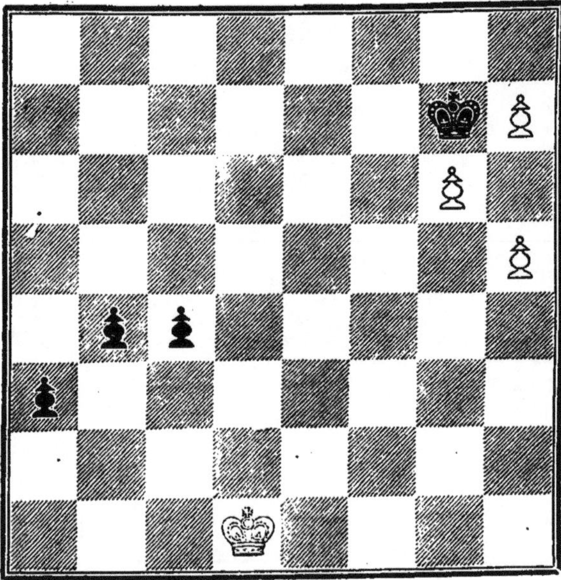

Les noirs avec ou sans le trait gagnent.

ÉTUDE N° XLIII.

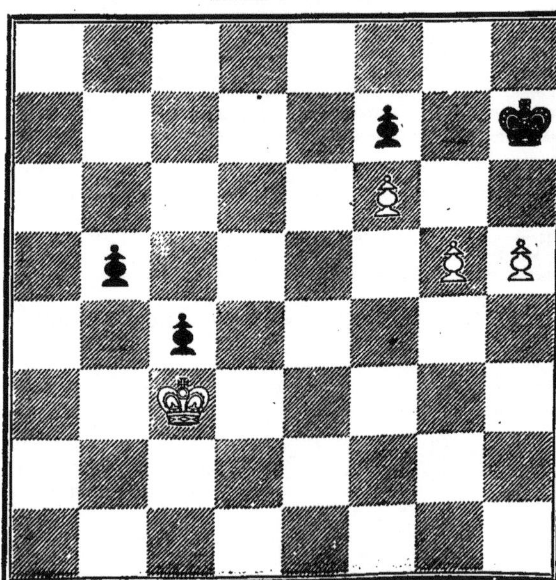

Les blancs avec le trait gagnent.

ÉTUDE N° XLIV.

Les blancs avec le trait gagnent.

ÉTUDE N° XLV.

Les blancs avec le trait gagnent.

ÉTUDE Nº XLVI.

Les blancs avec le trait gagnent.

ÉTUDE Nº XLVII.

Celui qui a le trait gagne.

ÉTUDE N° XLVIII.

Celui qui a le trait gagne.

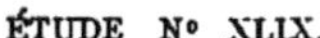

ÉTUDE N° XLIX.

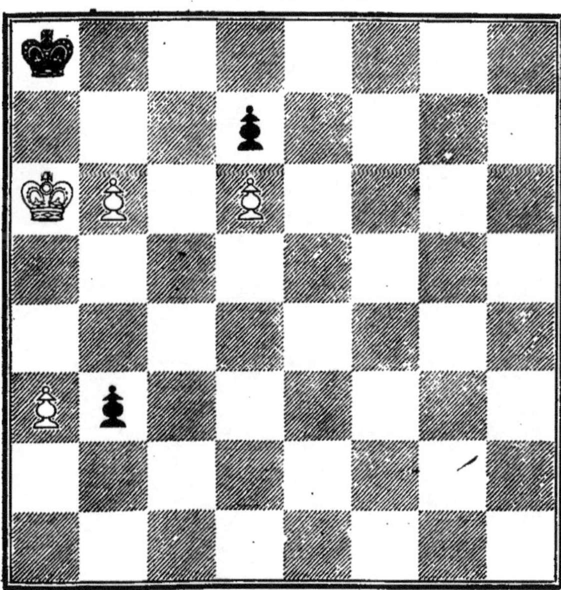

Les blancs avec le trait font partie nulle.

ÉTUDE N° L.

Les noirs avec ou sans le trait gagnent.

ÉTUDE N° LI.

Les blancs avec le trait gagnent.

ÉTUDE Nᵒ LII.

Les blancs avec le trait gagnent.

ÉTUDE Nᵒ LIII.

Les blancs avec ou sans le trait gagnent.

ÉTUDE N° LIV.

Les blancs avec le trait gagnent.

ÉTUDE N° LV.

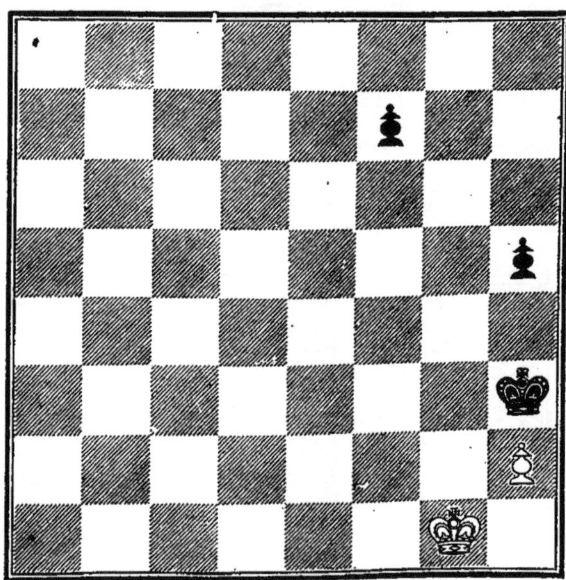

Les noirs avec le trait ne peuvent faire que partie nulle.

ÉTUDE Nº LVI.

Les blancs avec le trait gagnent.

ÉTUDE Nº LVII.

Les blancs avec le trait gagnent.

ÉTUDE N° LVIII.

Les blancs avec le trait gagnent.

ÉTUDE N° LIX.

Les blancs avec le trait ne font que partie nulle.

ÉTUDE N° LX.

Les blancs avec le trait gagnent.

ÉTUDE N° LXI.

Les blancs avec le trait gagnent.

SOLUTIONS DU CHAPITRE VIII.

BLANCS.	NOIRS.

N° I.

BLANCS	NOIRS
1. R 3ᵉ D	1. R 4ᵉ F
2. P 3ᵉ C	
▽	

N° II

BLANCS	NOIRS
1. P 4ᵉ C D	1. P 3ᵉ T
2. P 4ᵉ T R	2. P 4ᵉ T
3. P 3ᵉ C R	
▽	

N° III

BLANCS	NOIRS
1. P 3ᵉ R	1. R 4ᵉ F
2. R c T	2. R 5ᵉ C
3. R 2ᵉ C	=

Si les blancs jouent P 4ᵉ R ils perdent.

BLANCS	NOIRS
1. P 4ᵉ R	1. R 4ᵉ F
2. P 5ᵉ R	2. R 5ᵉ D
3. P 6ᵉ R	3. R pr P
4. P 7ᵉ R	4. P fait D ×
5. R pr D	5. R 7ᵉ F

N° IV

BLANCS	NOIRS
1. R 4ᵉ D	1. R 2ᵉ R
2. P 5ᵉ R	2. R 3ᵉ R
3. P pr P	3. R pr P
=	

N° V

BLANCS	NOIRS
1. P 5ᵉ T	1. P pr P ou (A)
2. P 5ᵉ R	2. P pr P R ou (B)
3. P 5ᵉ F	
▽	

(A)

BLANCS	NOIRS
1.	1. P 4ᵉ C
2. P 5ᵉ R	2. P 4ᵉ F
3. P pr P F	
▽	

(B)

BLANCS	NOIRS
2.	2. P 4ᵉ F
3. P pr P F	
▽	

N° VI

BLANCS	NOIRS
1. R 4ᵉ R ou (A)	1. R 4ᵉ C
2. R 5ᵉ R	2. R 4ᵉ T
3. R 4ᵉ F	3. R 3ᵉ T
=	

(A)

BLANCS	NOIRS
1. R 4ᵉ C	1. R 4ᵉ R
2. R 5ᵉ C	2. R 3ᵉ D
3. R 4ᵉ F	3. R 3ᵉ F
4. R 5ᵉ R	4. R 4ᵉ F
=	

N° VII

BLANCS	NOIRS
1. R 2ᵉ R	1. R 3ᵉ F
2. R 2ᵉ D	2. R 4ᵉ R
3. R 3ᵉ R	
=	

N° VIII

BLANCS	NOIRS
1. R 5ᵉ T	1. R c C
2. R 6ᵉ C	2. R c T
3. R 5ᵉ T	3. R 2ᵉ T
4. R 5ᵉ C	
=	

N° IX

BLANCS	NOIRS
1. P 4ᵉ R	1. P pr P ou (A)
2. P 5ᵉ F	2. R 6ᵉ D
3. P 6ᵉ F	3. P 6ᵉ R
4. R c D	
▽	

(A)

BLANCS	NOIRS
1. P 4ᵉ R	1. R pr P

BLANCS.	NOIRS.		BLANCS.	NOIRS.
2. P pr P	2. R 4e D		3. P 6e C	3. P 3e T
3. R 2e D			4. P 4e C	4. P 5e F
▽				

N° X

BLANCS.	NOIRS.
1. R c F	1. P 7e C ×
2. R c C	2. P 5e C
3. R 2e T	3. P fait D ×
4. R pr D	4. R 6e C
5. R c T	5. R 7e F
6. R 2e T	6. P 6e C ×
7. R 3e T	7. P 7e C

(A)

BLANCS.	NOIRS.
2. R 4e T	2. R 3e C
3. P 5e C	3. P 4e F
4. P 4e C	4. P 5e F

N° XI

BLANCS.	NOIRS.
1. P 5e C	1. R 3e R ou (A)
2. P pr P	2. R 3e F
3. R 2e F	3. P 5e F
4. R c F	
▽	

(A)

BLANCS.	NOIRS.
1.	1. P 6e C
2. P pr P	2. P 5e F
3. P 7e T	3. P 6e F ×
4. R c F	4. P 7e C ×
5. R c C	
▽	

N° XV

BLANCS.	NOIRS.
1.	1. P 5e R × mll
2. R 2e F	2. R 5e C
3. R 2e C	3. R 4e F
4. R 3e T	4. P 6e R
5. R 2e C	5. R 5e R

N° XII

BLANCS.	NOIRS.
1. R 2e D	1. R 4e C
2. R c F	2. R 4e F
3. R c C	3. R 4e D
4. R c F	

N° XVI

BLANCS.	NOIRS.
1. R c F	1. R 6e C
2. R c C	2. R 5e T
3. R 2e F	3. R 4e T
4. P 3e C	4. P pr P ×
5. R pr P	5. R 8e T

N° XVII

BLANCS.	NOIRS.
1. R 2e C	1. R 5e T
2. R 3e F	2. R 6e T
3. R 4e R	3. R pr P
4. R 5e D	4. R 6e C
5. R 4e D	
▽	

Les noirs avec le trait.

BLANCS.	NOIRS.
1.	1. R 5e T
2. R 2e C	2. R 6e T
3. R c F ou (A)	3. R pr P
4. R c R	4. R 6e C
5. R 2e D	5. R 7e C
6. R c D	6. R pr P
7. R c F	7. R 6e D

N° XIII

BLANCS.	NOIRS.
1. P fait D	1. P 7e F
2. D 2e T	2. R 8e R
3. R 3e F	3. P fait D ×
4. R 3e R	4. D ou il veut.
▽	

(A)

BLANCS.	NOIRS.
3. R 3e F	3. R pr P
4. R 4e R	4. R 7e C
5. R 4e D	5. R 6e C

N° XIV

BLANCS.	NOIRS.
1.	1. P 3e F
2. P 5e C ou A	2. P 4e F

BLANCS.	NOIRS.	BLANCS.	NOIRS.

N° XVIII

BLANCS	NOIRS
1. P 6e F	1. P 3e F ou (A)
2. P 6e C	2. P pr P ×
3. R 5e C	3. P 5e D
4. R 6e T	4. P 6e D
5. P 7e C	
▽	

(A)

BLANCS	NOIRS
1.	1. R 4e R
2. R 5e F	2. P 3e D ×
3. R 6e F	
▽	

N° XIX

BLANCS	NOIRS
1. P 6e C	1. P 3e T
2. R 6e R	2. R c F mll
3. R 7e R	3. R c C
4. R 8e D	4. R c T
5. P 6e F	
▽	

N° XX

BLANCS	NOIRS
1. . . .	1. R 3e F
2. R 3e D	2. R 4e R
3. P 4e F	3. R 5e F
4. P pr P	4. P pr P
5. P 4e T D	5. R 4e R

N° XXI

BLANCS	NOIRS
1. R 5e R	1. R 3° F
2. R 5e F	2. R 4e D
3. R 5e C	3. R 3e R ou (A)
4. P 4e D	4. R 4e D
5. R 6e T	
▽	

(A)

BLANCS	NOIRS
3.	3. R 4e R
4. P 3e D	4. R 3e D
5. R 6e T	5. R 4e R
6. R 7e C	6. R 3e R
7. P 4e D	
▽	

N° XXII

BLANCS	NOIRS
1. R 2e F	1. P 4e C
2. P 6e F	2. P 5e C
3. P 7e F	3. P 6e C ×

N° XXII (suite)

BLANCS	NOIRS
4. R pr P	4. R 8e C
5. P fait D	
▽	

N° XXIII

BLANCS	NOIRS
1. R 4e F	1. R c F
2. P 6e C	2. R c C
3. R 5e F	3. R c F
4. R 6e R	4. R c C
5. R 7e R	5. R c T
6. P 6e T	6. R c C
	=

N° XXIV

BLANCS	NOIRS
1. R 5e R	1. P 5e C ou (A)
2. P 4e T	2. R 3e F
3. R 6e R	3. R 4e F mll
4. R 7e D	4. R 5e D
5. R 6e F	5. R 6e F
6. R 5e C	
▽	

(A)

BLANCS	NOIRS
1.	1. P 5e T
2. P 4e C ×	2. R 5e F ou (B)
3. R 6e D	3. R 6e F
4. R 5e F	4. R 7e C
5. R pr P	5. R pr P 3e T
6. R 5e T	
▽	

(B)

BLANCS	NOIRS
2.	2. R 3e F
3. R 6e R	3. R 2e F
4. R 5e D	4. R 3e C
5. R 6e D	5. R 2e C
6. R 5e F	6. R 3e T
7. R 6e F	
▽	

N° XXV

BLANCS	NOIRS
1. P 5e F	1. P 3e R
2. P pr P (1)	2. P pr P
3. P 4e F	3. R c C
4. P 5e F	4. P R pr P
5. P 6e R	5. R c F
6. P 7e R	
▽	

(1) N'importe lequel.

BLANCS.	NOIRS.

N° XXVI

BLANCS.	NOIRS.
1. R 7e R	1. R 2e C
2. R 6e R	2. R 2e T
3. R 7e F	3. R 3e T
4. R 8e C	4. P 4e C
5. R 7e F	5. P pr P
6. R 6e F ▽	

N° XXVII

BLANCS.	NOIRS.
1. R 4e C	1. R pr P
2. R 5e T	2. R 2e C
3. R 6e T	3. R 3e F
4. R pr P	4. R 4e D
5. R 8e C	5. R 3e R
6. R 7e C ▽	

Le trait aux noirs.

BLANCS.	NOIRS.
1. . . .	1. R pr P
2. R 4e C	2. R 2e C
3. R 5e T	3. R 3e F
4. R 6e T	4. R 4e D
5. R pr P	5. R 4e R
6. R 7e C	6. R 3e R

N° XXVIII

BLANCS.	NOIRS.
1. R 6e D	1. R 2e C
2. R 7e D	2. R c T
3. R 6e F	3. R 2e T
4. R 7e F	4. R 3e T
5. R 8e C	5. R 4e T
6. R 7e C ▽	

N° XXIX

BLANCS.	NOIRS.
1. . . .	1. R 4e R
2. R pr P	2. R 5e F
3. R 5e T	3. R 6e R
4. R 6e C	4. R 7e F
5. P 4e T	5. R pr P
6. P 5e T	6. R 7e F

N° XXX

BLANCS.	NOIRS.
1. R 2e R	1. R 2e C
2. R 3e D	2. R c T
3. R 4e F	3. R 2e C
4. R 5e F	4. P 6e F
5. R 6e D	5. P 7e F
6. P fait D × ▽	6. R pr D

N° XXXI

BLANCS.	NOIRS.
1. P 5e F	1. P C pr P ou (A)
2. P 5e T	2. P 5e C R
3. P 6e T	3. P pr P
4. P pr P	4. P 6e T
5. P pr P	5. P pr P
6. R 3e F ▽	

(A)

BLANCS.	NOIRS.
1.	1. P D pr P ou (B)
2. P 5e T	2. P pr P
3. P 6e C D	3. P pr P
4. P 6e D ▽	

(B)

BLANCS.	NOIRS.
1.	1. P 5e C R ou (C)
2. P 5e T	2. P C pr P T
3. P 6e C D ▽	

(C)

BLANCS.	NOIRS.
1.	1. R 3e C
2. P 5e T ▽	

N° XXXII

BLANCS.	NOIRS.
1. R 5e D	1. P pr P
2. P pr P	2. R 4e C
3. R 6e F	3. R pr P
4. R pr P	4. R 4e C
5. P 5e T	5. P 4e T
6. P 5e C ▽	

N° XXXIII

BLANCS.	NOIRS.
1. . . .	1. R 6e F ou (A)
2. R c C	2. R 7e R ou (B)
3. R 2e C	3. R 8e R
4. R 3e F	4. R 8e F
5. R 4e F	5. R pr P
6. R pr P	6. R pr P
7. R 5e C ▽	

BLANCS.	NOIRS.

(A)

BLANCS	NOIRS
1. . . .	1. P 5e F
2. R 2e C	2. P 6e F × mll
3. R 3e T	3. R 4e F
4. P 4e C ×	4. P pr P ×
5. R 3e C	
▽	

(B)

BLANCS	NOIRS
2.	2. R 5e R
3. R 2e C	3. P 5e F
4. P 3e F ×	4. R 6e R
5. P pr P	5. R pr P
6. R 2e F	6. R 4e R
7. R 3e R	7. R 4e F
8. P 4e F	8. R 5e C
9. R 4e R	9. R pr P
10. R 3e F	
▽	

N° XXXIV

BLANCS	NOIRS
1. P 5e D	1 P pr P ou (A)
2. P 6e F	2. P 4e F ou (B)
3. R 2e R	3. R 2e F mll
4. R 3e R	4. R c D
5. R 4e D	5. P 5e F
6. R pr P	6. R 2e F
7. R 4e R	
▽	

(A)

BLANCS	NOIRS
1.	1. R pr P
2. P 6e D	2. R 3e R
3. R 2e R	3. R 2e D
4. R 3e R	4. R 3e R
5. R 4e R	5. R 2e D
6. R 5e F	6. R c D
7. R 6e F	7. R c R
8. P 7e D ×	8. R c D
9. R pr P	9. R pr P
10. R 6e F	10. R c D
11. R 6e R	11. R 2e F
12. R 7e R	12. R c F
13. R 6e D	13. R 2e C
14. R 7e D	
▽	

(B)

BLANCS	NOIRS
2.	2. P 3e F
3. R c R	3. R 2e F
4. R 2e F	4. R c D
5. R 3e R	5. P 4e F
6. R 4e D	
▽	

BLANCS.	NOIRS.

N° XXXV

BLANCS	NOIRS
1. R 4e D	1. R 2e R
2. R 5e R	2. R 2e D
3. R 6e F	3. R 3e D
4. P 4e D	4. R 2e D
5. R 7e F	5. R 3e D
6. R 8e R	6. R 2e F
7. R 7e R	
▽	

N° XXXVI

BLANCS	NOIRS
1. . . .	1. R 3e R
2. R 5e F	2. R 4e R
3. R pr P	3. R 3e D
4. R 4e T mll	4. R 3e F
5. P 5e C ×	5. R 2e C
6. R 3e T	6. R 2e T
7. R 4e C	7. R 3e C
=	

N° XXXVII

BLANCS	NOIRS
1. . . .	1. R 4e F
2. R 2e R	2. R 3e R
3. R 2e D	3. R 3e D
4. R 3e F	4. R 4e F
5. P 4e T	5. R 4e C
6. R 4e D	6. R 5e C
7. P 4e C	
▽	

N° XXXVIII

BLANCS	NOIRS
1. R 4e R	1. R pr P
2. R 5e D	2. R 5e C
3. R 6e F	3. P 5e T
4. R pr P	4. P 6e T
5. R 7e T	5. P 7e T
6. P 6e C	6. P fait D
7. P 7e C	
=	

N° XXXIX

BLANCS	NOIRS
1. P 4e D	1. R 2e F
2. R 5e F	2. R 2e D
3. P 5e D	3. R 2e F
4. P 6e D ×	4. R 2e D
5. R 5e D	5. R c F
6. R 6e F	6. R c D
7. P 7e D pat	

Nᵒ XL

BLANCS.	NOIRS.
1. R 5e C	1. R 2e R
2. R 4e F	2. R 3e F
3. R 3e D	3. R 2e C
4. R 3e R	4. R 3e C
5. R 3e F	5. R 2e C
6. R 3e C	6. R 3e C
7. R 4e T	
▽	

Nᵒ XLI

BLANCS.	NOIRS.
1. P 5e C R	1. P pr P
2. P pr P	2. R 4e C
3. R 5e D	3. R 3e C
4. R 4e F	4. R 4e T
5. R 5e F	5. R 5e T
6. R 6e C	6. R 6e T
7. R 5e C	
▽	

Nᵒ XLII

BLANCS.	NOIRS.
1. P 6e T ×	1. R c T
2. R 2e F	2. P 6e C ×
3. R c C	3. P 6e F
4. R c T	4. P 7e F
5. P 7e C ×	5. R pr P
6. P fait D ×	6. R pr D
7. P 7e T ×	7. R 2e F

Nᵒ XLIII

BLANCS.	NOIRS.
1. R 4e D	1. R c T
2. P 6e C	2. R c C
3. P 6e T	3. P pr P
4. R 5e R	4. P 6e F
5. R 6e R	5. P 7e F
6. P 7e F ×	6. R c F
7. P 7e T	
▽	

Nᵒ XLIV

BLANCS.	NOIRS.
1. R 3e F	1. R c C mll
2. R 4e R	2. R c F
3. R 5e D	3. P 3e C ou A
4. P pr P	4. R 2e C
5. R 6e F	5. R pr P
6. R 7e D	6. R 3e F
7. P 5e T	
▽	

(A)

BLANCS.	NOIRS.
3.	3. R c R
4. R 6e F	4. R c D
5. R 7e C	5. P 4e T
6. R 8e C	
▽	

Nᵒ XLV

BLANCS.	NOIRS.
1. P 4e R	1. P 3e T ou(A)
2 P 6e F	
▽	

(A)

BLANCS.	NOIRS.
1. P 4e R	1. P 4e T ou(B)
2. P 6e C	2. R 3e R
3. P 6e F	
▽	

(B)

BLANCS.	NOIRS.
1. P 4e R	1. R 3e R
2. R pr P	2. P 4e T
3. P pr P (1)	3. P pr P
4. R 3e F	4. P 4e T
5. R 2e R	5. P 5e T
6. R 2e D	6. P 6e T
7. R 2e F	7. R 2e D
8. P 5e R	
▽	

Nᵒ XLVI

BLANCS.	NOIRS.
1. R 7e F	1. P 4e C ou(A)
2. R 6e F	2. P 5e C
3. P 4e T	3. R 4e T
4. R 5e F	4. P 3e T
5. R 4e D	5. R 3e C
6. R 5e D	6. R 4e T mll
7. R 4e F	7. R 3e C
8. R pr P	8. P 4e T ×

(A)

BLANCS.	NOIRS.
1.	1. P 3e C
2. R 6e F	2. R 4e T ou(B)
3. R 7e C	3. P 4e C
4. R 6e F	4. P 5e C
5. P 4e T	5. P 3e T

(1) En passant.

BLANCS.	NOIRS.	BLANCS.	NOIRS.

(B)

BLANCS.	NOIRS.
2.	2. P 4e C
3. R 5e F	3. R 4e T
4. R 5e D	4. R 3e C
5. R 6e D	5. P 5e C
	=

N° XLVII

BLANCS.	NOIRS.
1. P 4e D ×	1. R 3e F
2. R 4e F	2. R 2e F
3. R 5e R	3. R 2e R
4. P 4e F	4. R 2e F
5. R 6e D	5. R 3e F
6. R 7e D	6. R 2e F
7. P 3e R	7. R 3e F
8. R 8e R	
▽	

N° XLVIII

BLANCS.	NOIRS.
1. R 3e F	1. R 3e F
2. R 4e R	2. R 3e R
3. P 3e R	3. R 3e F
4. R 5e D	4. P 3e R ×
5. R 6e D	5. R 2e F
7. P 4e R	6. R 3e F
7. P 5e R ×	7. R 2e F
8. R 7e D	
▽	

N° XLIX

BLANCS.	NOIRS.
1. P 7e C ×	1. R c C
2. P 4e T	2. P 7e C
3. P 5e T	3. P fait C
4. R 6e C	4. C 6e T ou (A)
5. R 6e T	5. C 5e F
6. R 5e C	6. C pr P D
7. R 6e C	7. C pr P
8. P 6e T	8. P 4e D
9. R 5e C	
	=

(A)

BLANCS.	NOIRS.
4.	4. C 7e D
5. R 6e T	5. C 5e F
6. R 5e C	6. C 4e R
7. R 6e C	7. C 3e F
8. P 6e T	8. C 2e T
9. R 5e F	
	=

N° L

BLANCS.	NOIRS.
1. R 8e F	1. R 3e F
2. R 8e R	2. R 3e R
3. R 8e D	3. R 3e D
4. R 8e R	4. R 4e F
5. R 7e D	5. P 5e D
6. R 6e R	6. R 5e C
7. R 5e D	7. R 6e F
8. P 4e C	8. R pr P F
9. R pr P	9. R 6e C

N° LI

BLANCS.	NOIRS.
1. P 3e T	1. R c F
2. P 4e T	2. R c C
3. R 7e D	3. R c T
4. R 7e F	4. P 4e C
5. P F pr P	5. P 5e F
6. P 5e T	6. P 6e F
7. P 6e C	7. P pr P
8. P pr P	8. P 7e F
9. P 7e C ×	
▽	

N° LII

BLANCS.	NOIRS.
1. R c F	1. P 4e D
2. P pr P	2. P 5e R
3. P 6e D	3. P 6e R
4. P 7e D	4. P 7e R ×
5. R pr P	5. R 2e C
6. P fait D	6. P fait D
7. D 5e C ×	7. R 3e T
8. D 5e T ×	8. R 2e C
9. D 4e C ×	9. R 2e T
10. R 2e F	
▽	

N° LIII

BLANCS.	NOIRS.
1. R 2e C	1. R 4e F
2. R c F	2. R 4e R
3. R 2e R	3. R 5e F
4. R 2e F	4. R 4e R
5. R 3e R	5. R 4e F
6. P 4e F	6. R 5e C
7. R 4e R	7. R pr P
8. P 5e F	8. R 4e C
9. R 5e R	9. P 5e T
10. P 6e F	
▽	

BLANCS.	NOIRS.
Le trait aux noirs.	
1.	1. R 4e F
2. R 2e C	2. R 4e R
3. R c F	3. R 4e F
4. R 2e R	4. R 5e F
5. R 2e F	
▽	

N° LIV

BLANCS.	NOIRS.
1. R 5e T	1. P 4e R
2. P 6e F	2. P pr P
3. P 5e C	3. P 5e R
4. P 6e C	4 P 6e R
5. P 7e C	5. P 7e R
6. P fait D	6. P fait D
7. D 5e C ×	7. R 6e F mll
8. D 4e C ×	8. R 6e R
9. D 6e R ×	9. R 7e D
10. D pr D	
▽	

N° LV

BLANCS.	NOIRS.
1.	1. P 3e F
2. R c T	2. P 4e F
3. R c C	3. P 5e F
4. R c T	4. P 6e F
5. R c C	5. R 5e C
6. R 2e F	6. R 5e F
7. R c F	7. R 6e R
8. R c R	8. P 7e F ×
═	

N° LVI

BLANCS.	NOIRS.
1. P 4e D	1. R 3e F
2. R c F	2. R 3e D
3. R c R	3. R 4e D
4. R c D	4. R 5e F
5. R 2e F	5. R pr P
6. R 2e D	6. R 5e R
7. R 3e F	7. R 4e R
8. R 3e D	8. R 5e F
9. R 4e D	9. R 4e F
10. R 3e R	10. R 5e C
11. R 4e R	
▽	

N° LVII

BLANCS.	NOIRS.
1. P 6e R ×	1. R 3e D
2. R 3e R	2. R 2e R

BLANCS.	NOIRS.
3. R 3e D	3. R 3e D
4. R 4e D	4. R 2e R
5. R 5e R	5. P 5e F
6. P 6e D ×	6. R c R
7. P pr P	7. P 5e C
8. P 5e F	8. P 6e C
9. P 6e F	9. P 7e C
10. P 7e F ×	10. R c F
11. R 6e F	11. P fait D
12. P 7e R mat	

N° LVIII

BLANCS.	NOIRS.
1. P 3e F	1. P pr P
2. R c F	2. P 7e F
3. P 4e R	3. P pr P
4. R pr P	4. P 6e R ×
5. R c R	5. P 7e R
6. P 5e D	6. P pr P
7. R pr P	7. P 5e D
8. R 2e D	8. P 6e D
9. P 6 F	9. P pr P
10. R pr P	10. R 2e C
11. R 4e F	11. R c T
12. R 5e F	12. R 2e C
13. P fait D ×	13. R pr D
14. R pr P	
▽	

N° LIX

BLANCS.	NOIRS.
1. P 4e F D	1. R 4e C
2. R 2e C	2. R pr P F
3. R 3 T	3. R 4e R
4. R 4e T	4. R 5e D
5. R 5e C	5. P 5e T
6. R 4e Cou(A)	6. P 6e T
7. R pr P	7. R pr P
8. R 2e C	8. R 6e D
9. R c F	9. R 6e R
10. R c D	10. R 5e F
11. P 6e T	11. P pr P
12. R 2e R	12. R 6e C
13. R c F	13. R 7e T
14. R 2e F	
═	

(A)

BLANCS.	NOIRS.
6. R pr P	6. R pr P
7. R 3e T	7. R 6e D
8. R 2e C	8. R 6e R
9. R 2e F	9. R 5e F

BLANCS.	NOIRS.	BLANCS.	NOIRS.
10. P 6ᵉ T	10. P pr P	3. P 5ᵉ R ×	3. R 3ᵉ R
11. R c D	11. R 6ᵉ C	4. R 3ᵉ C	4. R 4ᵉ F
12. R 2ᵉ R	12. R 7ᵉ C	5. R 2ᵉ F	5. R 3ᵉ R
		6. R 2ᵉ D	6. R 4ᵉ F
		7. R 3ᵉ D	7. R 3ᵉ R
	Nº LX	8. R 4ᵉ R	8. R 2ᵉ F
1. R 4ᵉ C	1. R 3ᵉ C	9. P 5ᵉ F	9. R 2ᵉ R
2. R 4ᵉ F	2. R 3ᵉ F	10. P 6ᵉ R	10. R 3ᵉ F
3. P 3ᵉ F	3. R 3ᵉ R	11. R 3ᵉ R	11. R 2ᵉ R
4. R 5ᵉ C	4. R 2ᵉ F	12. R 3ᵉ D	12. R 3ᵉ F
5. R 5ᵉ F	5. R 2ᵉ R	13. R 4ᵉ R	13. R 2ᵉ R
6. R 5ᵉ R	6. R 2ᵉ D	14. R 5ᵉ R	14. P 6ᵉ C
7. R 6ᵉ F	7. R 3ᵉ D	15. P 6ᵉ F ×	15. R c Fou(A)
8. R 7ᵉ F	8. R 2ᵉ D	16. R 6ᵉ D	16. P 7ᵉ C
9. P 3ᵉ T	9. R 3ᵉ D	17. P 7ᵉ R ×	17. R 2ᵉ F
10. R 8ᵉ R	10. R 2ᵉ F	18. R 7ᵉ D	18. P fait D
11. R 7ᵉ R	11. R c F	19. P fait D ×	
12. R 6ᵉ D	12. R 2ᵉ C	▽	
13. R 7ᵉ D	13. R 3ᵉ C		
14. R 8ᵉ F	14. R 2ᵉ T	(A)	
15. R 7ᵉ F	15. R c T	15.	15. R c R
16. R pr P		16. R 6ᵉ D	16. P 7ᵉ C
▽		17. P 7ᵉ F ×	17. R c F
		18. R 7ᵉ D	18. P fait D.
	Nº LX1	19. P 7ᵉ R ×	19. R pr P
1. P 4ᵉ F D	1. P 5ᵉ C × mll	20. P fait D ×	20. R 2ᵉ C
2. R pr P	2. R 3ᵉ D	21. D 7ᵉ R ×	21. R joue.
		22. D pr P	n'importe où.
		▽	

CHAPITRE IX

PROBLÊMES

DANS CE CHAPITRE LES BLANCS ONT TOUJOURS LE TRAIT.

PROBLÊME N° I.

Noirs.

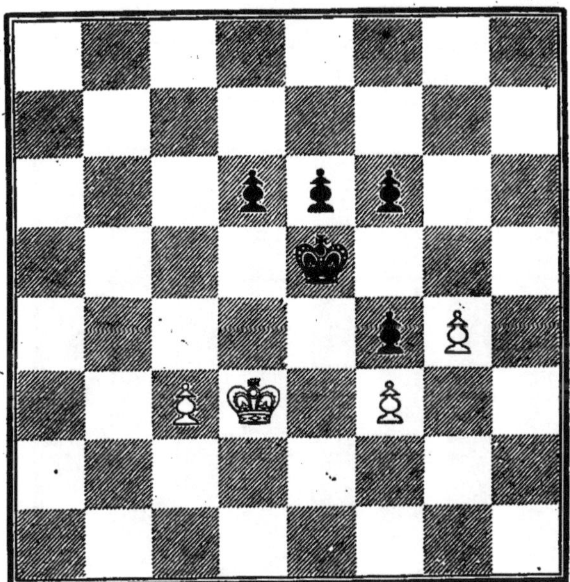

Blancs.

Les blancs font mat en quatre coups.

PROBLÈME Nº II.

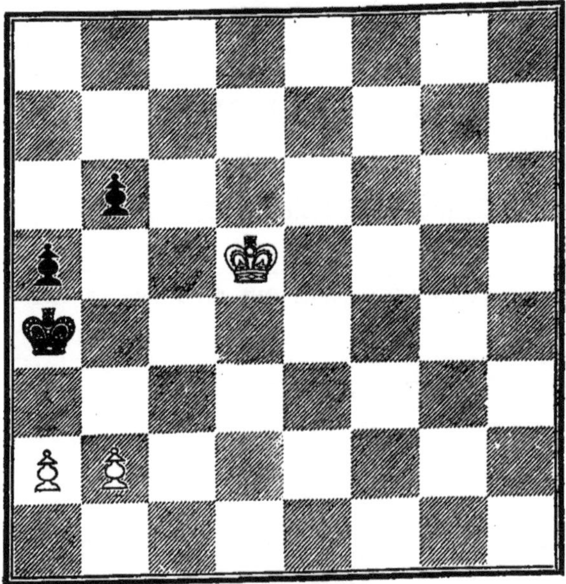

Les blancs font mat en quatre coups.

PROBLÈME Nº III.

Les blancs font mat en cinq coups.

PROBLEME N° IV.

Les blancs font mat en cinq coups.

PROBLÈME N° V.

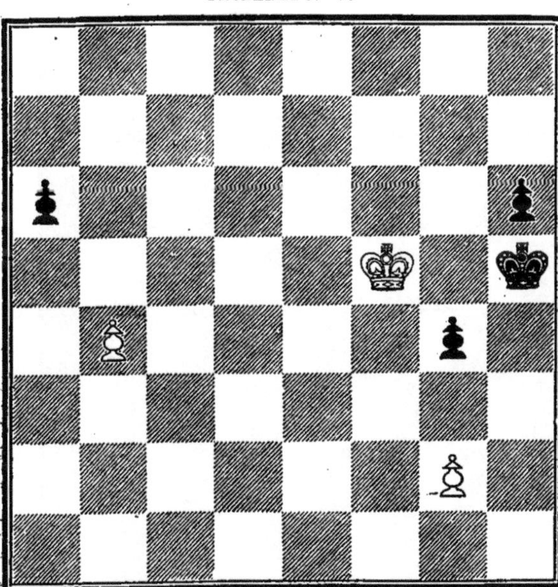

Les blancs font mat en six coups.

PROBLÈME N° VI.

Les blancs font mat en six coups.

PROBLÈME N° VII.

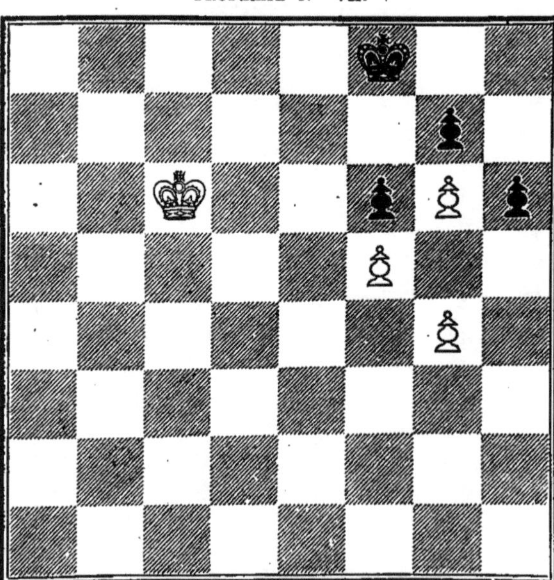

Les blancs font mat en huit coups.

PROBLÈME N° VIII.

Noirs.

Blancs.

Les blancs font mat en huit coups.

PROBLÈME N° IX.

Noirs.

Blancs.

Les blancs font mat en douze coups avec le Pion du Cavalier
coiffé [1] sans qu'aucun autre aille à Dame.

[1] Il arrive quelquefois qu'un joueur s'engage à donner le mat à son adversaire avec un Pion désigné, que l'on marque d'une petite coiffe de papier
pour cet objet ; le Pion choisi est ordinairement celui du Cavalier du Roi,
parce qu'il peut être protégé plus efficacement que les autres ; il n'est pas
permis de damer ce Pion, et si le joueur le perd ou donne le mat avec toute
autre pièce, il a perdu. On comprend qu'une partie de cette nature ne peut
être jouée qu'entre adversaires d'une force très-inégale.

www.ingramcontent.com/pod-product-compliance
Ingram Content Group UK Ltd.
Pitfield, Milton Keynes, MK11 3LW, UK
UKHW020832120726
13693UKWH00002B/614